跟著Google Maps

遊澳門

有了街景式地圖，
路癡也能輕鬆遊！

百萬人氣名旅遊部落客

胡哲榮／著
(PorkTrip)

品味生活 百變澳門

旅行過 40 幾個大小城市，澳門是筆者喜歡的城市之一。

澳門距離很近，飛機航程約 90 分鐘即可抵達。

澳門景點密集，任意漫步皆好玩。

澳門溝通無礙，連路牌與店名都是繁體中文。

澳門燈火通明，白天玩到深夜都沒問題。

澳門美食聚集，從廣東菜到葡國料理，樣樣令人食指大動。

澳門建築多變，古樸粵式建築與典雅葡式洋房，更有華麗的五星級度假村。

澳門是筆者覺得最適合小旅行的城市，只要三天兩夜，就可以享受到多種風貌的旅遊體驗。

而且對筆者而言，澳門是一座依然在持續成長中的城市，僅隔一年半載，又會以不同樣貌呈現，每次前往都感覺是全新的冒險旅程，處處趣味，處處驚奇！

由於澳門街道眾多，小巷交錯，編製此書地圖時，筆者一度掙扎是否要將街道完整呈現？

最後評估，如果將街道全部畫出，在紙本篇幅有限的情況下，可能會閱讀不易，且有可能讓讀者誤入小巷，反而造成迷途。因此決定只繪製出最好走的路線，避免讓讀者搞混。

不過還是建議讀者使用本書地圖時，盡量以街名和地標相互對照，比較容易抵達景點。

而由於澳門彼此景點非常接近，兩個分屬不同區域的景點，可能只是一路之隔而已。因此地圖上，也會將其他章節的重要地標納入，方便讀者了解景點彼此的距離關聯。

最後，澳門雖然面積不大，但是元素豐富萬千，筆者在 6 年內去了 5 次，每次去依然能發現新奇所在。加上語言、氣候、飲食、交通等等綜合因素，如果想要來個無負擔輕旅行，澳門絕對是筆者第一首選，在此真心推薦給各位！

胡哲榮

目 次 CONTENTS

行前準備

澳門特色

住宿推薦

進入澳門

單日路線推薦

目次 CONTENTS

目 次　CONTENTS

東望洋山、三盞燈與沙梨頭

氹仔

澳門的精華地區，
世界遺產聚集地。

澳門

島內有龍環葡韻、
官也街等葡式小區
風貌，以及機場、
賽馬會等大型現代
建設。

氹仔

路氹城

大型購物商場
與豪華度假村
聚集所在地。

路環

葡式蛋塔的起源
地；島內以保有
自然風光著名。

書中圖示說明

住宿推薦：

- 🏢 區域
- 🏠 地址
- 🚌 交通
- 💲 價位
- 📶 網路
- ☯ 優點
- 📷 附近景點
- 🖥 推薦路線
- 🌐 官方網站

景點介紹、美食推薦：

- 特 特點
- 地 地址
- 交 交通
- 時 開放時間／營業時間
- 費 人均收費
- 網 官方網站

巴士站

澳門機場

36 MT1 MT2

| 01 |
行前
準備

歷史

　　在葡萄牙人統治之前的澳門，只是一個倚靠漁業與農業種植的小村落，一直到 16 世紀明朝中葉，葡萄牙人抵達，向明朝租地使用，才開始了葡萄牙人在澳門的生活與文化交流。

　　澳門在歷史上以中西交流聞名於世，尤其在明末清初的「西學東漸」風潮中，扮演不可或缺的重要推手。明朝中葉著名的天主教傳教士利瑪竇，抵達中國的第一個城市就是澳門。利瑪竇在澳門學習漢語，閱讀大量中文書籍，成為中西文化交流的重要人物，因此在澳門可以見到利瑪竇的銅像以及以利瑪竇為名的學校。

　　從西元 1553 年葡萄牙人獲准在澳門居住，直到西元 1999 年主權移交中國，澳門在葡萄牙人的治理下長達 400 多年，也因此在澳門發展出許多獨特的建築風貌與飲食。尤其西元 1847 年澳門的賭博合法化，更讓澳門有「東方蒙地卡羅」之稱。大量的資金與遊客湧入，打造出現今澳門金碧輝煌的風貌。

貨幣

　　澳門的法定貨幣為澳門幣，簡稱為「MOP」。由於澳門外地遊客眾多，所以店家可以接受港幣和人民幣消費，但是部分店家「不補水」。「不補水」即是會把港幣或人民幣的面額視為與澳門幣相同，並不會進行匯率換算。

澳門幣有紙鈔和硬幣，10 元幣值以上為紙鈔，10 元幣值以下為硬幣。

　　從三種貨幣在匯率上的比較來看，100 元的港幣和人民幣，分別可以換到澳門幣約 103 元和 118 元。因此如果使用港幣或人民幣去消費，直接當作澳門幣使用，換算下來，在消費上會比較吃虧。

因為台灣大部分的銀行都沒有兌換澳門幣的服務，所以建議先在台灣換港幣，抵達澳門後再換澳門幣。當然也可以在澳門直接用新台幣兌換澳門幣，但匯率上會更差一些。以筆者經驗，以兌換 1,200 元澳門幣為例，在澳門直接用新台幣兌換，會比在台灣先換港幣再換澳門幣多付出新台幣 200 元左右（實際價差會依當時匯率有所落差）。

　　澳門兌換外鈔的地點並不侷限於銀行，各大購物中心或者飯店以及熱門景點皆有兌換所。匯率各有不同，機場與碼頭的匯率最差，100 元港幣只能換到 101 元澳門幣。而街道上民營的兌換所，則可以換到 103 元澳門幣。

　　遊客必定造訪的「議事亭前地」，就有許多外幣兌換所，所以建議可以在機場先兌換小額澳門幣與換零錢搭公車，抵達議事亭前地後，再換取較大金額的澳門幣。

澳門街道上有許多兌換外幣的店家，招牌上會寫著「找換兩替」或「外幣找換」，匯率會比在機場兌換來得優惠一些。圖為「新馬路」上的外幣兌換所。

■ 交通

✈ 飛機

　　台灣飛往澳門非常方便，飛行時間約 90 ～ 120 分鐘，桃園機場、台中機場、高雄小港機場都有直航班機前往。營運的國籍航空公司有澳門航空與長榮航空，廉價航空則是有台灣虎航。筆者接下來介紹最常使用的購票系統——愛飛網與台灣虎航。

1. 愛飛網 http://www.ifly168.com.tw/

　　筆者最常使用的機票訂購網站為愛飛網，愛飛網跟其他機票訂購網站相比，最大的特色就是即見即所得！在愛飛網上查得到的機票，保證一定有機位，不會出現票價吸睛，但進入頁面，全部是滿滿的候補的情況，看得到買不到。

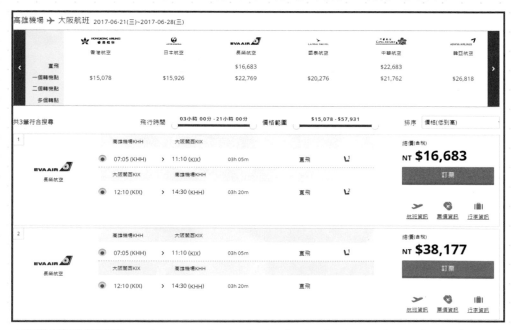

一目了然的航班資訊和票價。

頁面上顯示的金額，也已經是含稅金額（也就是需要支付的總金額）。第一時間就讓消費者一目了然，不再被低價機票吸引目光後，發現還要加上稅金3、4,000元。

在航班列表中，也可以清楚地查看各個航班的差異性，使用者可以根據自己的預算和時程安排，選擇最適合自己的航班。若是資訊太多，使用者也可以點擊上方表格的金額，頁面就會直接帶出該航空公司的航班列表，以供使用者參考。

愛飛網也有將各個航空公司的早鳥機票或優惠機票整合在內，筆者曾經只花費跟廉價航空差不多的票價，卻能搭乘國籍航空。此外，系統內有個相當實用的功能：編輯好友資料。這項功能可以讓使用者事前把時常一同旅行的夥伴資料（例如家人或同事）加入到好友資料中，訂票時就不用重複輸入乘客資料，是個相當節省時間的功能。

因為省下了許多查詢機票的時間，愛飛網已經成為筆者購買國籍航空機票的優先選擇，在這裡分享給大家這個好用的網站！官網（https://www.ifly168.com.tw/#/order_step/step）上也有提供更詳細的使用教學喔！

2. 台灣虎航 https://www.tigerairtw.com

台灣虎航是台灣第一家廉價航空，總部設立於台北，目前提供了桃園、台中、高雄前往澳門的航班。由於是在台灣成立，所以機組人員還有客服系統，包括郵件通知，都提供了相當清楚的中文服務。

筆者最讚賞的是台灣虎航的行李託運機制。台灣虎航的行李託運可以從15公斤開始每5公斤加購，而且是只計總重，不計件數，也就是一個人可以託運不只一件行李。

台灣虎航在票價的選擇上，會依日期有所不同，點選前後的日期，有時會發現意外的價差。票價的 Combo 選擇，可快速加購座位與餐點。若未選擇，之後依然可依需求逐一加購。

筆者再分享一個買行李重量的小技巧：買一個 30 公斤的行李託運費用，會比買兩個 15 公斤的行李託運費用便宜。例如兩個人一同出發，每個人各買一個 15 公斤的託運行李，總計會需要 750*2=1,500 元台幣。但如果只購買一個 30 公斤的行李費用，但一樣是帶兩個 15 公斤的行李前去託運，僅需要 1,350 元台幣。

託運行李可以去程和回程分開購買，因此出發時，可以買最低額度的 15 公斤，回程時購買 20 公斤或 25 公斤，甚至 30 公斤的行李託運重量。而且台灣虎航的行李加購服務是只要在搭機 4 小時前，隨時都可以上網加購行李託運重量，因此完全不用擔心行李過重被罰款的狀況發生。

不過廉價航空的航班時間有時候比較不理想，訂位時要多注意一下航班時間。

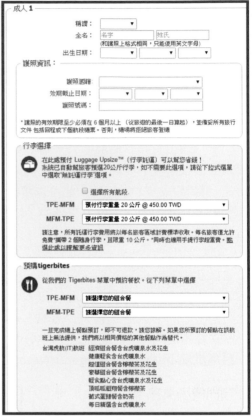

台灣虎航的預購餐點菜色比搭機時選擇更多，有需求的人建議可以在購票時加購。

🚢 航運

前往澳門的另一個方法，是從香港搭船抵達，搭乘時間約 50 ～ 70 分鐘。

澳門有「外港客運碼頭」（簡稱「外港碼頭」，俗稱「港澳碼頭」）和「氹仔客運碼頭」。港澳碼頭位於澳門本島，離市區景點較近；氹仔客運碼頭位於氹仔，離機場與威尼斯人等度假村較近。

兩個碼頭皆有付費巴士和各家飯店的免費接駁車可以搭乘，交通非常便利。

不過在香港、澳門兩地往返，還是需要攜帶各類旅行相關證件，例如護照、台胞證或港簽。

🚌 巴士

澳門的巴士系統非常發達，除了一般的公共巴士外，還有免費的飯店接駁巴士，以及針對觀光客規劃路線的「開蓬觀光巴士一天遊」。

規劃行程的行前準備中，澳門交通事務局的公共巴士資訊站（http://www.dsat.gov.mo/bus/tc/search_index.aspx），提供了搭乘巴士的路線查詢，功能非常詳細，可以進行目的地或點對點的路線查詢。網路上也有可免費下載查詢澳門巴士路線的 App，筆者推薦的是「澳門巴士指南」。此款 App 提供離線查詢，就算沒有網路也是可以查看路線內容，在安排行程或現場查詢時非常實用。

澳門巴士指南 App
Android 版本。

澳門巴士指南 App
iOS 版本。

1. 澳門的公共巴士

澳門的公共巴士大部分路線營運時間為早上 6 點到晚上 1 點，車資自 2018 年 4 月 21 日開始，票價從分段收費調整為單一收費，不管搭乘距離多近多遠，就算只有搭一站，或者從起點搭到終點，統統都是車資 6 MOP。

車上不提供兌換零錢和找錢服務，所以乘客必須先自備好硬幣。由於在澳門消費時，店家找回的硬幣有時候也會有港幣，因此搭乘巴士時也可以投港元硬幣。

除了自備硬幣搭乘巴士外，也可以使用「澳門通」感應付費。「澳門通」（https://www.macaupass.com/）是澳門發行的電子票券，類似台灣的悠遊卡和一卡通，在便利商店和連鎖量販店皆可買到，最小儲值金額為 50 MOP。使用澳門通搭乘公共巴士，不但省去了準備零錢的困擾，還可以享受車資優惠，車資將從 6 MOP 大幅優惠到只需 3 MOP。但是使用澳門通搭乘巴士時，只能一人一卡使

用，不能多人共用一卡，因此多數人都會對於儲值最低金額為 50 MOP 這點有所顧慮，畢竟在澳門旅遊期間通常不會花到這麼多車資。

其實澳門通除了可以拿來搭乘巴士外，還有許多地方可以使用，例如便利商店和超級市場，許多餐廳也可以利用澳門通付款。不少店家更會提供優惠活動，從澳門通官網上

店家門口若有澳門通符號，表示接受澳門通付款。

可以查詢到接受澳門通付費的消費據點和優惠活動。（澳門通消費應用據點：https://www.macaupass.com/category/application/）

澳門通官網上所介紹的澳門通有相當多種類，根據筆者親身至多間超商詢問的經驗，主要販售的都已經是「晶片版澳門通」，普通版澳門通幾乎購買不到。晶片版澳門通與普通版澳門通的差異在於，普通版澳門通還分為「租用版澳門通」和「銷售版澳門通」。「租用版澳門通」能退還卡內餘額，但需要額外押金 30 MOP；「銷售版澳門通」則無法退回卡內餘款，但也不需要押金。

目前澳門市面上比較容易購買到的，多為晶片版澳門通。晶片版澳門通只有銷售版，每張皆為 130 MOP，內含 30 MOP 工本費與 100 MOP 儲值金額。澳門通分行的工作人員表示，卡內的 30 MOP 為晶片卡工本費，所以退卡的話，30 MOP 不會退回，僅會退回卡內餘額，並將卡片收回。而且兩年內沒有使用，將會被鎖卡，若要重新啟用則必須再度前往澳門通分行辦理且繳付手續費。

澳門通若要退回卡內餘額，必須到澳門通分行才能辦理退卡，而整個澳門卻只有三個分行，而且都不是在重要觀光景點和交通要點附近，退卡據點實在不方便。因此如果要辦理退卡，就需要額外花費時間前往分行等待辦理，這對分秒珍貴的旅行時間來說，是個值得考慮的要素。

澳門通的退卡據點如下，亦可參考官網資訊：

https://www.macaupass.com/category/contact/

- **澳門世貿中心分行**

  地址：澳門友誼大馬路 918 號世界貿易中心地下 A-B 舖

  辦公時間：上午 10 時至晚上 7 時（週一至週日，公眾假期休息）。

- **澳門北區分行**

  地址：青洲大馬路 212-250 號逸麗花園地下 G 座

  辦公時間：上午 10 時至晚上 7 時（週一至週五，公眾假期休息）。

- **氹仔南貴分行**

  地址：澳門氹仔廣東大馬路 79 號南貴花園地下 B 舖

  辦公時間：上午 10 時至晚上 7 時（週一至週五，公眾假期休息）。

2. 度假村的免費接駁巴士

　　度假村的免費接駁巴士，也是另一個交通工具的好選擇。各大度假村在機場還有碼頭皆有提供免費接駁巴士，而度假村彼此間也都有免費接駁巴士「路氹服務專線」，可免費搭乘來往「澳門銀河」、「新濠影滙」、「新濠天地」、「威尼斯人」、「永利皇宮」、及「金沙城中心」。

　　飯店也有各自的接駁車路線，例如新濠影滙和新濠天地提供來回澳門本島英皇娛樂酒店的路線；澳門銀河有抵達澳門本島星際酒店的路線。因此善加運用的話，有時候玩上一天，幾乎不用交通費。例如在機場搭乘新濠影滙的接駁巴士抵達新濠影滙後，可以在用餐或逛街之後，再利用前往英皇娛樂酒店的接駁巴士，就能抵達澳門本島。接著就能從英皇娛樂酒店徒步走到「新馬路」，或者走到「亞馬喇前地」，搭乘付費巴士到另外的景點。

機場外停靠整排各家飯店的接駁巴士。

3. 開蓬觀光巴士

「開蓬觀光巴士一天遊」費用 150 MOP，可以在規劃的路線上無限次地上下車。費用雖然比搭乘公共巴士一整天的費用總和還高，不過觀光巴士強調是開蓬巴士，搭乘的舒適程度絕對遠遠優於公共巴士，而且是直接把乘客載送到觀光景點。相關資訊可參考：http://www.goldspark.com.mo/default_c.html

> ※ **小提醒：** 澳門地狹人稠，馬路街道並不寬敞，市區車輛擁擠，因此有時候搭公車的時間，會跟徒步的時間差不多，所以如果兩地距離不遠，也可以考慮徒步前往。

🚕 計程車

澳門計程車稱為「的士」或者「出租車」，與台灣的小黃計程車不同，澳門的計程車是黑色車身白色車頂。計費方式以跳表收費，以物價水準來說，車資有比台灣便宜一些，而且司機開車技術比台灣更殺，搭乘時非常有刺激感！不過跟台灣計程車不同的是，載送行李還有前往某些地區，都需要額外收費。若需要司機停車等候，也需要收取費用。

澳門計程車的外貌。車身全黑，但車門部分總是有著華麗的廣告。

計程車起程價（首 1,600 公尺）收費澳門幣 19 元，之後每 240 公尺加收澳門幣 2 元。從澳門本島往「路環」或在澳門國際機場的士候客區乘車，除了車資外，另收附加費澳門幣 5 元；氹仔往路環，加收澳門幣 2 元附加費。但由澳門本島往氹仔或由兩離島返回澳門本島，則無須加收任何附加費。

若是搭乘時，要求計程車路邊停車等候的話，等候時間每分鐘澳門幣 2 元。這個等候金額相當高喔，這點需要注意。如果有攜帶大型行李需要放置在後車廂的話，每件行李則會加收澳門幣 3 元。最後提醒，上車前還是要跟司機確認一下是否為跳表計費，這個動作在世界各國搭計程車都適用！

輕軌

澳門輕軌現在正在建設中，預計 2019 年完工，完工後的輕軌路線會圍繞著澳門半島和氹仔的外圍運行。雖然機場和碼頭等重要交通設施會有設站，但對於要前往觀光景點的幫助卻相當有限。

語言

澳門的官方語言為粵語和葡萄牙文，字體則為繁體中文與葡萄牙文並存。不過普通話和英文也是相當普遍地使用，所以在澳門旅遊，溝通上幾乎沒有問題。

簽證

現在去澳門，不需要另外申請簽證，只要憑著中華民國護照，就可以順利入境了，非常方便又省錢省事。不過若是有打算經由澳門去香港，則還是需要港簽和台胞證等相關證明文件喔！

▶ 電器使用

　　澳門插座是方形或圓形的三腳插座，但是在飯店裡，通常會有適用台灣插頭的三孔萬用插座。將台灣的電器插頭插入下方的兩個孔，就可以使用。

　　澳門電壓為 220 伏特，只要確認攜帶去的電器有變壓器的裝置，通常都沒有問題。尤其是 3C 產品，例如手機、相機、筆電等等的充電器，幾乎都有變壓器的功能，所以只要確認變壓器可以接受 220 伏特的電壓，就可以正常使用。

左／澳門常見的插座，台灣電器的插頭插入下方兩孔即可使用。
右／有些飯店會提供三孔的萬用插座，台灣電器的插頭插入即可使用。

變壓器的伏特標示，大部分變壓器都支援 100 伏特～ 240 伏特。

▶ 地址與樓層顯示

　　澳門的樓層計算，是採取英國制，跟台灣採取的美國制不太一樣。台灣通常將進門的那一層樓，稱為 1 樓。但採取英國制的澳門，進門的那一樓稱為 G 樓（Ground Floor），台灣所稱的 2 樓，在澳門則是 1 樓。因此在澳門搭電梯，會發現有個 G 鈕，抵達的也就是出入口大廳，這跟台灣樓層從 1 開始計算有點不同。

飯店的大廳，在樓層顯示會是 G，1 樓則是台灣的 2 樓。

　　也因此澳門的店家地址，就會看到「○巷○號地下」這類台灣沒看過的標示。「地下」可不是指地下室，而是指 1 樓喔，也就是「Ground」的澳門直譯。

▶ 免費 Wi-Fi 使用

澳門的免費 Wi-Fi 非常普遍，各大度假村都有免費網路可以使用，甚至度假村的部分接駁巴士內也有免費 Wi-Fi。除了機場、飯店、度假村和餐廳這些營業場所有提供免費網路之外，大部分公眾設施也都有免費網路，例如世界遺產景點。甚至路邊的小公園，都有提供免費 Wi-Fi 可以使用，在澳門可以免費使用的熱點算是相當密集。

澳門免費 Wi-Fi 的圖示，只要看到這個標誌，就表示附近有無線網路可以免費使用。

關於免費 Wi-Fi 的相關資訊，可以參考以下網站：

http://www.freewifi.mo/tc/index.html

MEMO

| 02 |
澳門
特色

會商院戲門澳

世界遺產

　　2005 年 7 月 15 日，在南非舉辦的第 29 屆世界遺產委員會會議上，以澳門符合世界遺產評定準則中的 4 項登錄標準：

1. 在一定時期內或世界某一文化區域內，對建築藝術、紀念物藝術、城鎮規劃或景觀設計方面的發展產生過大影響。

2. 能為一種已消逝的文明或文化傳統提供一種獨特的至少是特殊的見證。

3. 人類歷史發展中某一建築風格的傑出範例。

4. 具特殊普遍意義的事件或現行傳統或思想或信仰或文學藝術作品有直接或實質的聯繫。

　　將澳門的歷史建築群命名為「澳門歷史城區」，此時澳門正式成為世界遺產之一。

　　澳門歷史城區由 22 座位於澳門半島的建築物和相鄰的 8 塊前地（廣場）所組成，其中包括中國境內現存最古老的教堂遺址和修道院、最古老的基督教墳場、最古老的西式炮台建築群、第一座西式劇院、第一座現代化燈塔和第一所西式大學等，且這些古老建築，大部分依然保持著原有的功能。這些建築代表著澳門是中國接觸近代西方文化的第一站。

　　澳門歷史城區內有中國少見保存完整的西洋建築與融合了西洋工藝的中式宅院，任意漫步在小街、老巷、前地，一個轉彎就是東方與西方的切換，處處見證了東西方文化的微妙結合，「多元共存、和諧交融」即是澳門入選世界遺產的主要原因。

美麗鵝黃色的玫瑰堂。

上／澳門地標──大三巴牌坊。下／潔白無瑕的仁慈堂。

澳門歷史城區世界遺產一覽表

議事亭前地區域

議事亭前地 P98	盧家大屋 P110	三街會館（關帝廟）P100	仁慈堂大樓 P102
板樟堂前地 P106	玫瑰堂 P104	大堂（主教座堂） P107	大堂前地 P107

大三巴牌坊區域

大三巴牌坊（聖保祿教堂遺址） P118	哪吒廟 P120	大炮台 P122	舊城牆遺址 P120
基督教墳場 P198	聖安多尼教堂（花王堂）P124	東方基金會會址 P198	耶穌會紀念廣場 P118

新馬路區域

民政總署大樓 P133

下環與西灣區域

媽閣廟 P147	港務局大樓 P149	崗頂劇院 P157	何東圖書館大樓 P158
媽閣廟前地 P147	亞婆井前地 P151	崗頂前地 P155	鄭家大屋 P153
聖奧斯定教堂 P159	聖若瑟修院及聖堂 P160	聖老楞佐教堂 P162	

東望洋山區域

東望洋炮台（包括聖母雪地殿聖堂及燈塔）P190

▶ 特色美食

　　說到澳門的特色食物，大家一定馬上聯想到幾年前風靡全台的葡式蛋塔，但澳門好吃的可不只有蛋塔而已！澳門不只建築融合東西文化，連飲食也在東西文化的交流下，發展出澳門專屬的葡國菜，澳門的葡國菜，可是連到葡萄牙當地都吃不到的獨特美食喔！

　　澳門葡國菜的獨特之處，在於豐富的調味香料，包括了歐洲慣用的橄欖油和中式料理會使用的醬油和生薑，以及東南亞料理的羅望子、椰汁、鹹蝦醬，還有來自印度和印尼的咖哩、胡椒、丁香、肉桂、薑黃粉、番紅花。會有如此特別的烹飪方法，是因為當時葡萄牙人前往中國的航程，途經非洲、印度沿岸、東南亞地區的馬六甲等地，最終才抵達澳門，所以葡萄牙人便把這沿路上所攜帶來的香料和料理方法

上／非常有特色的澳門甜點——木糠布甸，是用餅乾屑和奶油層層交疊的冰品。冰過後的奶油口感就像冰淇淋一樣，非常順口。

下／以時價秤重計費的葡國菜——咖哩炒蟹，雖然價位不斐，但值得三五好友一同分享！

一起帶進澳門，而各地的食材和煮法，便漸漸融入原本傳統的葡國菜。例如澳門的道地美食——非洲雞，據傳就是葡萄牙士兵經由非洲時，將當地的香料和烹調方法帶入澳門，經過澳門廚師改良之後，就成為澳門獨有的餐點。其他特色料理還有葡國雞、海鮮燉飯、炸馬介休球（一種魚肉和馬鈴薯泥混和的炸丸子）等等，以及必嚐的飯後甜點——木糠布甸（一種撒上餅乾屑的冰淇淋蛋糕）。

　　除了葡國菜，澳門當地的廣東料理，當然也是非嚐不可。傳統的廣州竹昇麵，是由師傅坐在大竹竿上，用自己的重量均勻搓壓麵糰，再切成麵條狀。這種耗費工夫又需要豐富經驗才能製作出來的麵條，格外彈牙爽脆，而澳門還有數間店家依然保持著這樣的傳統方法製作，例如福隆新街的「祥記麵家」（P140）。而吃碗竹昇麵，也要來配個雲吞！有如澳門手擀竹昇麵的名店「黃枝記」（P111）門聯上寫著「有錢最好食雲吞」，澳門的雲吞是用三分瘦肉七分蝦的比例製作，口

感彈性十足。

　　另外，廣東的煲粥工夫名聞遐邇，如官也街「誠昌飯店」（P214）的水蟹粥和福隆新街的「三元粥品專家」（P141），都是值得一嚐的好味道！大餐吃多了，小點心也少不了！除了有名的葡式蛋塔外，「大利來記」（P215）的豬扒包和「義順牛奶」（P139）的燉奶，也是必嚐小點。

　　除了這些傳統美食外，筆者還推薦大家有空可以去逛逛澳門的超級市場。澳門與台灣一樣，都是以茶飲為銷售大宗，但是有別於台灣的茶葉飲品，澳門連飲料是涼茶系列！販售各類台灣罕見的草本飲料，喜歡嚐鮮的讀者，可以去超級市場尋寶一下喔！

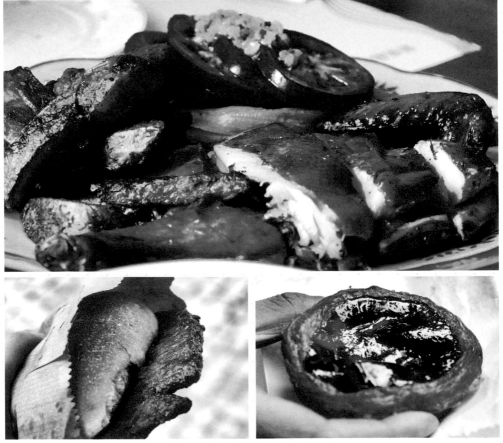

上／葡國名菜——非洲雞，非洲雞各家餐廳作法不一，或烤或燉，但都相當美味！
下左／澳門豬扒包，到澳門必吃小食之一。　　右／多年前在台灣颳起旋風的葡式蛋塔。

▶ 特殊體驗

澳門除了世界遺產和葡澳美食外，還有很多少見的特殊體驗，值得去逐一探險喔！

◈ 賭場

澳門是世界上少數博奕合法化的城市，只要是四星級以上的飯店或者度假村，例如澳門銀河、威尼斯人等等，就一定會設置或大或小的賭場。以往只有在《賭神》電影裡才能看到的場景，到了澳門，就可以大大方方、正大光明地踏入賭場一探究竟！

賭場內除了各類博奕設備外，也有茶飲或者瓶裝礦泉水等免費飲品。其中筆者最推薦的新葡京娛樂場（P180），不但提供多項中西式冷熱飲，還有超專業的外國舞者表演，不論是性感的鋼管舞、精緻的國標舞、嘆為觀止的特技舞蹈，每當布幕拉起，音樂響起，舞台前總是立刻聚集人潮！夜間還提供港式小點心，這些都是別的賭場沒有的喔！

不過小賭怡情，感受到上賭桌的刺激就好，可別賭得太入迷。

◈ 賽馬

只要看過港片的人，或多或少都會有印象，電影中總是有人聽著賽馬轉播或者看著馬報閒聊。沒錯！澳門也有賽馬會，路邊的雜誌報紙小攤，也可以看到馬報這個特殊的刊物。

賽馬的賽季是每年的 9 月份開始至隔年 8 月底結束，幾乎等於全年都

路邊書報攤皆有販售的馬報。

澳門賽馬會賽事大樓。

有賽事舉辦。每週五會舉辦夜間賽事，週六或週日則於白天或者黃昏舉行比賽。賽場內的看台大樓一、二層開放給一般民眾觀賞賽事，並設有現場的投注站。

想要體驗看看港澳特有的賽馬比賽，可以搭乘巴士至「賽馬會」站下車，即可入場觀賞賽事囉！

賽車

澳門的「格蘭披治大賽車」於每年的 11 月間舉行，已經舉辦 50 多年，比賽項目多元，包含了三級方程式、房車賽、機車賽等，是國際上著名的賽事之一，不少世界知名的賽車手都曾來前往參賽，包括舒馬克曾在 1990 年的三級方程式賽事中拿到冠軍。

賽車博物館內珍藏 1990 年舒馬克來澳門比賽的珍貴照片。

全世界也僅剩下摩洛哥和澳門設有賽車街道賽，比賽時將在市區內的東望洋跑道上進行，比在專屬跑道上競賽更加刺激，也是台灣難得一見的體壇盛事。除了賽事的舉辦外，賽場附近也會有許多搭配活動，例如澳門美食節與歌舞表演。

比賽期間，僅可搭乘免費接駁巴士至外港碼頭，其餘路線巴士則是暫時停止進入外港碼頭。更多賽事資訊，可參考官網：http://www.macau.grandprix.gov.mo/

🩰 水舞間

位於澳門新濠天地的水舞間劇院是澳門最著名的表演秀場之一，最大的特色是以將近 5 個標準泳池的用水量，利用 258 個噴泉設施，搭配華麗的舞蹈和奇幻燈光，打造出難得一見的水上舞台劇。

台灣許多旅行社推出的澳門團體行，幾乎一定會安排觀賞水舞間，若不想參加團體旅行，水舞間官網也有提供線上購票，台灣的旅行社也大多有提供門票代購服務，或者推出多種與水舞間搭配的自由行方案。

前往水舞間劇院的方法，可以參考新濠天地（P231）。

水舞間官網：https://www.thehouseofdancingwater.com/tc.html

身為澳門最知名的表演，四處皆可看到水舞間的廣告。

🏃 高空彈跳

　　高空彈跳一向是追求刺激的玩家最愛的活動之一，而在澳門也可以體驗這種無比刺激的活動。

　　澳門高空彈跳的地點，就在澳門著名地標的澳門旅遊塔（P166）。挑戰者將從 61 層樓、離地 233 公尺一躍而下，挑戰心臟強度與膽量的極限！而想要挑戰的勇者，為了避免過長的等待時間，建議事先預約喔！

- **預約網址：** www.ajhackett.com/macau/
- **或寄送電子郵件至**
  macau.reservations@ajhackett.com
- **澳門旅遊塔官網：**
  https://www.macautower.com.mo/zh-hant/

勇者從 61 層樓的高度一躍而下。

🚌 高級度假村

重現巴黎鐵塔美景的巴黎人。

　　澳門的路氹城聚集了高密度的五星級度假飯店，目標營建出媲美拉斯維加斯的拉斯維加斯大道。預計所有建設完成後，會約有 20 座大型酒店、十數家大型賭場、多個大型購物中心及大型表演場館座在此區域。

　　原本這個區域是一片汪洋，澳門政府在氹仔與路環之間進行了填海工程，擴建出路氹城這個新興區域。而經過多年的建設，目前已經有威尼斯人、

澳門銀河的特色水上樂園。

上／威尼斯人度假村，重現威尼斯美景。
下／充滿卡通角色的金沙城中心。

　　新濠天地、澳門銀河、澳門金沙城中心、新濠影匯……等等多間著名五星級酒店度假村落成，於 2016 年更開幕了永利皇宮與巴黎人兩間全新度假村。

　　這些度假村各有特色，例如澳門銀河和新濠影匯有房客專屬的水上樂園；威尼斯人和巴黎人以重現威尼斯與巴黎美景聞名；金沙城中心以小朋友最愛的卡通人物為主打；新濠天地則是擁有水舞間劇院。

　　度假村彼此間皆有天橋或者接駁車方便遊客來往，加上屬於高級美食與大型購物商圈，還有令人驚喜的表演活動，所以可以完全不受氣候影響盡情享受，是個非常適合想要來放鬆、當個幾天悠閒貴婦的好地點！

❋ 米其林餐廳

　　熱愛美食的讀者一定對「米其林餐廳」這個名詞不陌生，米其林餐廳是指收錄在法國知名輪胎製造商米其林公司所出版的美食及旅遊指南書籍《米其林指南》中推薦的餐廳。原本只有推薦歐洲區域的餐廳，在 2008 年時，出版了《米其林指南——香港、澳門篇》，讓港澳美食的知名度更加提升。

　　米其林餐廳的入選標準，並非單純評價餐點美味與否而已，還包括了餐廳的環境、服務人員的水準、餐點是否多樣化、是否能保持穩定水準等等，所以獲選的米其林餐廳指的是單一餐廳，即使是連鎖店家，也僅有被評分的那間可以稱為米其林餐廳。因此雖然有不少米其林餐廳來台展店，但嚴格說起來，那些分店並沒有列入米其林餐廳的名單內。於是，來到澳門，就可以體驗正統的米其林餐廳囉！

　　米其林餐廳每年都會重新遴選，有些餐廳會升等星級或維持星級，有些餐廳則會被除名，當然也會有新增加的餐廳，因此每年的餐廳名單都會有點變動。

新濠天地內的米其林二星「譽瓏軒」粵菜餐廳。

2018 年入選的餐廳如下：

- 新葡京酒店：
  The Eight 粵菜餐廳（三星）
  天巢法國餐廳（三星）
  大廚西式餐廳（一星）
- 永利皇宮：
  京花軒川魯料理（二星）
  永利軒粵菜餐廳（一星）
  泓日本料理（二星）
- 新濠天地：
  譽瓏軒粵菜餐廳（二星）
  御膳房法式料理（二星）
  金坂日本料理（一星）
- 四季酒店：
  紫逸軒粵菜餐廳（一星）
- 澳門銀河：
  8 1/2 Otto e Mezzo 義大利餐廳（一星）
  麗軒粵菜餐廳（一星，位於麗思卡爾頓酒店 51 樓）
- 星際酒店：
  風味居川湘料理（二星）
- 威尼斯人：
  皇雀印度料理（一星）
- 葡京酒店：
  桃花源小廚粵菜餐廳（一星）
- 新濠影匯：
  玥龍軒粵菜餐廳（一星）
- 新濠鋒酒店：
  帝影樓粵菜餐廳（一星）
- 友邦廣場：
  帝皇樓粵菜餐廳（一星）

▶ 紀念小物

　　來到澳門這麼有特色的城市,當然有些值得珍藏紀念的小玩意。首推每間紀念品店都會看到的「葡國公雞」和「仿造路牌」的鑰匙圈或磁鐵。

　　首先,造型鮮豔多彩的葡國公雞,是葡萄牙代表公正、信任和好運的象徵,是葡萄牙的吉祥物和非官方的國家標誌,因此在澳門四處,都可以看到以公雞為造型的創意裝置,而公雞身上的樣式,也由設計師們恣意發揮,更加展現澳門的多元文化。

　　再來,澳門地小人稠,街道多為錯綜複雜的小巷,這些小巷都有許多很有特色的名稱,例如充滿浪漫情懷的戀愛巷;女孩子最喜歡的美女巷;光看名稱就感覺聞到味道的鹹蝦巷;還沒開始爬就腳痠的跛腳梯。紀念品店都會將這些有趣的

左／　澳門特色標誌──葡國公雞。
右上／澳門許多街巷名稱都非常有趣,這些有趣的
　　　路牌也都可以在紀念品店找到縮小版的磁鐵
　　　或鑰匙圈。
右下／澳門名產杏仁餅的知名店家「鉅記手信」。

街名依照路牌，仿造成小型鑰匙圈或磁鐵，相信收到禮物的人，都能感覺新奇，會心一笑。

　　若想要找尋一些比較有特色或風格強烈的紀念品，則可以參考澳門的文創商品。澳門近年來的文創發展相當蓬勃，許多文創展覽和特色小店，紛紛進駐瘋堂斜巷（P192），這一條小路，已成為澳門文藝創作者的聚集重地。除了瘋堂斜巷外，在氹仔官也街的特色店家「官也墟」，也有不少特色小物。相信在這兩個區域，都可以找到令人驚豔的澳門文創紀念品。

　　異國特色零嘴也是非常受到歡迎的紀念品。澳門最有特色的伴手禮就是肉鬆蛋捲，但可惜受限於法規，肉鬆蛋捲是沒有辦法帶進台灣的。除了肉鬆蛋捲，澳門的杏仁餅也是遠近馳名，知名店家有「咀香園餅家」、「鉅記手信」等等，這些店家口味各有千秋，且產品總類多樣化，都是很適合送禮或者和朋友分享的點心。

- **咀香園餅家店鋪資訊：**
  http://www.choi-heong-yuen.com/newsite/tc/locatlon1.php
- **鉅記手信店鋪資訊：**
  http://www.koikei.com/tc/branches_information.php

新古典主義風格的郵政總局，位於議事亭前地，這裡有超多紀念郵票可以選擇。

▶ 寄張明信片吧！

　　不少人到國外遊玩時，總是會寄一張明信片給自己或親友，這也是一種很特別的紀念方法。而澳門，是筆者見過寄明信片最方便的地方了！

　　澳門的郵筒是以鮮紅色為識別色彩，而且密集度高，除了一般寄信用的小型郵筒之外，最方便之處，就在於部分大型郵筒含有郵票販售功能。直接在郵筒投幣買郵票，貼上後就能寄出，連說明文字都是繁體中文，寄張明信片回台灣，輕鬆愜意！

　　含有郵票販售功能的郵筒，在熱門觀光地區都有設置，例如媽閣廟和大三巴牌坊廣場。如果旅行過程中，真的沒時間或者沒有看到自動販售郵票的郵筒也不

上左╱提供販售郵票的郵筒，體積很大，是個非
　　　常明顯的設施。
上中╱郵筒上有詳細的操作說明和寄送郵資，寄
　　　到台灣的郵資還有專屬欄位。
上右╱路邊的一般小型郵筒，只有寄送功能。

下　╱澳門國際機場的郵局，就在劃位櫃檯旁。
　　　在這裡可以一併完成寄送明信片和購買紀
　　　念郵票。候機無聊時，可以來逛逛。

用太擔心！在澳門國際機場的出境劃位櫃檯旁也有一個郵局，不但可以買到一般
寄信的郵票，還可以買到紀念套票喔！

　　而對於收集紀念郵票有興趣的旅客，更推薦的是位於新馬路與議事亭前地交
叉路口的郵政總局。郵政總局內的紀念郵票種類多樣，而且選購的環境也很寬敞
舒服。購買時，只需要拿一張購買單，接著在展示櫃前把郵票型號抄下來，再到
櫃檯去結帳就可以囉！

　　澳門寄明信片的另一個方便之處，就是說中文也可以通，不論是購買郵票或
者寄明信片，不明白的地方都可以向服務人員詢問。

| 03 |
住宿
推薦

Hotel.com 訂房網站 https://tw.hotels.com/

　　網路上提供訂房服務的選擇非常多，這裡要介紹筆者最常使用的訂房網站——hotels.com，以及分享幾間筆者實際住宿過的飯店。

　　筆者會推薦這個網站，主要原因有以下幾點：

　　1. 價格取向，2. 全中文介面，3. 免費取消，4. 會員福利。

　　飯店價位通常是一分錢一分貨，靠近交通樞紐或熱門景點、飯店星級較高、設備較好，自然價格也就會比較高。因此相同飯店在各個訂房網站都可以預訂的狀況下，Hotels.com 是筆者查過多數相對便宜的網站。

　　有些國外網站提出的飯店價碼可能會更吸引人，但是非中文的介面和聯絡信件，總是讓筆者看每一筆資料都像在考試一樣，深怕哪一點疏忽了沒有注意到。Hotels.com 提供了全中文介面，E-mail 也都是詳細的中文說明，花費的精力瞬間減少。

　　另外，Hotels.com 免費取消的寬限期非常充裕，只要在住宿前取消，幾乎都

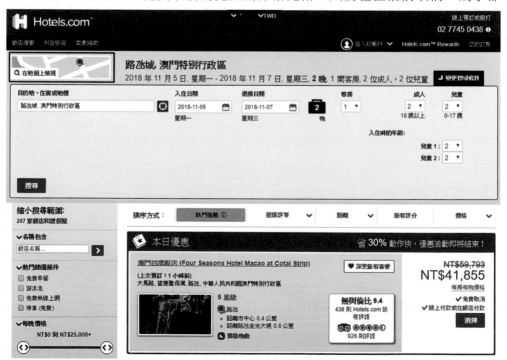

使用者可以用左上角的「在地圖上檢視」功能，這項功能在搜尋景點或交通設施周圍的飯店非常好用。

可以全額退費！筆者曾經有過原本預計住宿的飯店無空房，因而選擇了另一間飯店，隔了幾天，發現原本屬意的飯店又有空房釋出，於是立刻取消原本的訂房，而且信用卡的金額幾乎也是當天就退費了，因此算是相當方便且完全不繁瑣的取消服務。不過銀行收取的刷卡手續費無法退回，要特別留意。

而最吸引筆者的一點，就是標榜「集 10 晚，送 1 晚」的會員福利了！該網站稱此為「Welcome Rewards 顧客忠誠計畫」。許多使用者看到這樣的說明，都會心想：要累積多久才能

請注意！房客資訊一定要跟護照上面的英文名稱相同，因為入住飯店需要檢驗護照。而下方的付款資料，就不一定需要與入住房客相同。

獲得免費的一晚啊？但這就是筆者特別推薦 Hotels.com 的地方！累積的晚數，並不限定本人住宿以及固定付款帳號，只要是同一個帳號訂房即可！

舉例說明，如果 4 人進行 6 天 5 夜的旅行，使用同一個會員帳號分訂 2 間房間，當退房 3 日後，累積的晚數將會是「5 晚 ×2 房＝10 晚」，這樣就輕鬆累積到 10 晚，可以獲得免費的 1 晚住宿囉！而下一次免費住宿的使用方法，會是以這 10 晚的平均住房金額去進行房價折抵。

不過要特別注意一點，累積晚數以及免費住宿如果超過 1 年沒有使用，就會被取消。例如在 2018 年 8 月 8 日，入住了 1 間房間 5 個晚上，累積晚數會是 5 晚，但如果在 2019 年 8 月 8 日前都沒有再訂過房間，這 5 晚就會被取消了！免費住宿的規則亦同。（最新的計畫及規則，建議讀者上官方網站再確認一次，畢竟官網擁有變更規則的權力。）

抵達飯店欲入住時，只要拿護照給飯店人員即可順利入住，並不需要檢驗 Hotes.com 寄送的相關文件。不過建議還是列印一份隨身帶著，因為可以減少溝通的時間。

澳門銀河華麗的正門大堂，定時有乾冰燈光秀的表演。

澳門銀河──銀河酒店

　　位於路氹城的澳門銀河度假村，內有 6 間高級飯店，銀河酒店就是澳門銀河母集團本身經營的五星級飯店。銀河酒店在訂房網站上的價位落差很大，依據訂房的時間和星期，相同房型可能會價差到接近 10,000 台幣，但只要提前一兩個月預定非假日的日期，有時不到台幣 5,000 就能入住。

　　銀河酒店有非常完整的免費接駁巴士路線，接駁巴士上甚至還有提供 Wi-Fi 服務。除了迎接外來旅客的機場和碼頭是基本必備的接駁路線之外，要前往新濠影滙、新濠天地、澳門威尼斯人及金沙城中心等等度假休閒商圈，利用路氹服務專線就可以抵達。若要前往澳門本島，則是可以搭乘新馬路專線。免費接駁車相關路線和班次，可以參考官網資訊：https://goo.gl/Dm3yIW。

https://pse.is/BRNTR

- 🏙 路氹城
- 📍 澳門路氹城望德聖母灣大馬路
  澳門路氹城「澳門銀河」綜合度假城
- 🚍 澳門國際機場、港澳碼頭、氹仔客運碼頭、澳門本島皆有免費接駁車，車程約 15 ～ 20 分鐘。
- 💲 雙人房約台幣 5,000 ～ 12,000 元（價位會因例假日與房型異動）
- 📶 提供免費無線上網
- ☺ ▪ 交通便利，免費接駁車接送。
  ▪ 五星級飯店，極佳的住宿環境與服務。
  ▪ 房客免費使用水上樂園「天浪淘園」。
  ▪ 購物商城與米其林美食。
- 🏛 威尼斯人、金沙城中心、新濠影匯、新濠天地（水舞間）
- 📖 奢華澳門（P93）
- 🔗 https://www.galaxymacau.com/zh-hant/hotels/galaxy-hotel/

入住澳門銀河度假村的最大特色，就是房客可以免費無限暢玩水上樂園「天浪淘園」！天浪淘園位在澳門銀河的 2 樓，擁有 350 公噸白沙堆積而成的人造沙灘和各式戲水設備，包括全球最長的 575 米空中激流（台灣俗稱的漂漂河），3 條隱藏在石洞內、高達 9 米的滑水天梯，還有人工造浪。除了大人尋求刺激的設施外，也有小孩專屬的玩水區域，而且救生員的配置相當密集。另外，救生衣與泳圈和乾淨的大毛巾也都是免費自由索取，是個相當適合全家享受的水上樂園。

上／天浪淘園的白淨沙灘。
下／天浪淘園內的兒童戲水區。

上／非常舒服的房間設施。
下／搭乘電梯必須用房卡感應，但也僅能按下該房間
　　所在的樓層按鈕，確保房客的住宿品質與安寧。

　　銀河酒店身為五星級飯店，房間的設施當然是沒有話說，房內提供的飲品、
餅乾、點心，還有冰箱內的啤酒、汽水，通通也都是免費！搭乘飯店電梯時，則
需要要利用房間門卡感應才能按電梯樓層，而且入住的房卡也僅能按該房所在樓
層，對入住房客提供十分高規則的保護。

　　澳門銀河的官網也不定時有各項優惠活動，像是目前只要上澳門銀河官網預
定住宿，就可以享受延遲退房的服務，原預計退房時間為早上 11 點，可以延後
到下午 2 點才退房。不論是要玩水，還是賴床，還是悠閒地整理行李，時間都更
充足了！澳門銀河與澳門百老匯的餐廳更可以享受 8 折優惠！（活動詳情請至官
網查詢與確認 https://www.galaxymacau.com/zh-hant/landing/book-direct-with-us/ ）

※ **小提醒**：飯店 check in 時需要押金 1,500 MOP，可用刷卡或現金。
　　（櫃檯是先留下信用卡資料，如果有損毀房間用品或額外服務才會真的刷卡。）

🚌 銀河酒店前往各景點公共巴士路線如下：

★前往亞馬喇前地：

• 搭乘 MT1、25B、26A、30X 號巴士，至「亞馬喇前地」站下車，
車程約 20 分鐘。

★前往盧廉若公園：

• 搭乘 25B 號巴士，至「盧廉若公園」站下車，車程約 20 分鐘。

★前往新馬路、福隆新街、議事亭前地：

• 搭乘 26A 號巴士，至「新馬路 / 永亨」站下車，車程約 25 分鐘。

★前往賽馬場：

• 搭乘 35 號巴士，至「賽馬會」站下車，車程約 5 分鐘。

澳門銀河──JW萬豪酒店

位於澳門銀河度假村內的 JW 萬豪酒店，是全球連鎖性的國際豪華酒店，整棟酒店高達 1,015 間房間，是亞洲最大的 JW 萬豪酒店。

https://pse.is/BRQA5

因為位於澳門銀河度假村內，所以入住萬豪酒店，也可以使用度假村內的「天浪淘園」水上樂園。而除了入住度假村的房客皆可使用的「天浪淘園」外，JW 萬豪酒店還有飯店專屬的游泳池。

JW 萬豪酒店專屬的泳池與「天浪淘園」相連，但只提供給 JW 萬豪酒店的房客使用，因此房客們可以享受更安靜與私人的休息環境。而且 JW 萬豪酒店的泳池更衣室，空間比「天浪淘園」的更衣室還大，也沒這麼擁擠。房客們在前往「天浪淘園」前，可以在 JW 萬豪酒店專屬的泳池更衣室先換好泳裝，經由專屬泳池，即可抵達「天浪淘園」。更衣室內還有小型脫水機，脫水完的泳裝，晾在房內一晚就乾了，隔天就可以穿上泳裝繼續玩水囉！

在房間設備上，當然相當豪華，包括電動窗簾、免治馬桶、浴室的自動霧化玻璃，還有膠囊咖啡機，不過冰箱內的飲料和迷你吧檯內的點心，

左／豪華大氣的接待大廳。
右／造型相當特別的入住櫃檯。

是需要付費的。服務方面，從入住時的櫃檯人員，到寄放行李的接待人員，以及隨時替你拉開厚重玻璃門的門房，時時都對著你展開親切的笑容，這些都讓筆者感到備受禮遇。

　　對外交通方面，可以利用各種免費接駁巴士前往各處，不過每條路線搭乘的地方不同，建議事先跟櫃檯確認何處上車。以筆者在 2018 年的資訊，若是搭乘澳門銀河本身的專車路線前往機場或碼頭等地，是在水晶大堂上下車；但若是要搭乘「路氹服務專線」前往其他度假村，則是必須到歐珀大堂上下車。接駁巴士與路線時間，可以參考官網資訊：https://goo.gl/Dm3yIW。

※ **小提醒**：JW 萬豪酒店附近無付費巴士可搭乘，若要搭乘，必須走到銀河酒店外的「排角 / 銀河」站，才能前往其他景點。

- 路氹城
- 路氹城望德聖母灣大馬路 澳門路氹城「澳門銀河」綜合度假城
- 澳門國際機場、港澳碼頭、氹仔客運碼頭、澳門本島皆有免費接駁車，車程約 15 ～ 20 分鐘。
- 雙人房約台幣 6,000 ～ 12,000 元（價位會因例假日與房型異動）
- 提供免費無線上網
- ▪交通便利，免費接駁車接送。
  ▪五星級飯店，極佳的住宿環境與服務。
  ▪房客專屬私人水上樂園「天浪淘園」。
  ▪購物商城與米其林美食。
- 威尼斯人、金沙城中心、新濠影匯、新濠天地（水舞間）
- 奢華澳門（P93）
- https://www.galaxymacau.com/zh-hant/hotels/jw-marriott/

左／房間內設計相對簡約，但依然看得出高貴氣氛。
右／房間若看得到度假村景觀，景象非常迷人。照片中下方的圓形泳池，即是 JW 萬豪酒店的專屬泳池。

新濠影匯——明星滙

新濠影滙內的飯店分為明星滙與巨星滙兩種等級，筆者這次分享的是明星滙的房間。明星滙的房間雖然空間較小，但由於是屬於四星級飯店，各項硬體設施的表現還是相當不錯，但筆者印象特別深刻的是新濠影滙——明星滙在親子友善這點的表現，令筆者相當滿意。

上／明星滙的入住大廳，就位在新濠影滙的正門入口，不過離接駁車下車點還需要走一小段路。
下／房間內已經妥善安置嬰兒床，嬰兒床非常舒適，100公分的幼兒躺進去都還有空間，且除了枕頭和被子外，還有可愛的抱枕。

由於入住前在訂房網站已經有備註請提供嬰兒床，所以入住時，發現不但嬰兒床已經妥善地放置完畢，甚至在浴室內還提供了嬰兒的衛浴澡盆，另外還有一組嬰兒專屬的洗髮精和沐浴乳。這些貼心準備，實在是讓帶幼兒同行的父母備感窩心。

上／房客專屬的「綠野游蹤」水上樂園，
　水深約 100 公分上下，成人直接渡水
　而過都沒有問題。旁邊也有沙灘可以
　讓小孩盡情玩樂。
下／漂漂河沿途也有各種裝置和關卡，增
　添趣味。

🏨 路氹城

🚏 澳門路氹連貫公路

🚌 澳門國際機場、港澳碼頭（外港碼頭）、氹仔客運碼頭、
　澳門本島、各度假村皆有免費接駁車。

💰 雙人房約台幣 4,000 ～ 10,000 元（價位會因例假日與
　房型異動）

📶 提供免費無線上網

👍 ▪ 交通便利，免費接駁車接送。
　 ▪ 四星級飯店，極佳的住宿環境與服務。
　 ▪ 房客專屬私人水上樂園「綠野游蹤及戶外游泳池」。
　 ▪ 親子友善。

🎡 威尼斯人、金沙城中心、巴黎人、新濠天地（水舞間）

💬 奢華澳門（P93）

🌐 https://www.studiocity-macau.com/tc/index.html

https://pse.is/BT2NP

新濠影匯亦提供免費嬰兒推車借用的服務，只要訂房前先寫入備註或者入住時向櫃檯人員提出需求，若還有空餘的嬰兒推車，飯店會直接將推車送到房間，真的相當方便。

　　而新濠影匯也有房客專屬的水上樂園「綠野游蹤」，由於是房客專屬，所以從購物商場難以找到入口，必須搭乘飯店電梯，選擇標註「游泳池」的樓層按鈕，才有辦法抵達。

　　新濠影匯的「綠野游蹤」規模雖然比不上澳門銀河的「天浪淘園」，但筆者卻認為更適合帶幼兒前往。因為「綠野游蹤」的設備水深皆不超過 100 公分，且四周環境皆能一目了然，相對上更加安全。再者因為規模不大，所以反而可以不用走太多路就可以遊玩，尤其當小孩玩累睡著或不想走路要抱回房間時，就會發現規模不大真是件好事啊！

　　「綠野游蹤」雖然不大，但也是應有盡有，包括漂漂河、滑水道、沙灘、溫水泳池等等，也可以讓小孩玩得盡興。如果不想玩水，還有人工草皮的遊樂器材可以玩喔！想帶小孩來度假的父母，筆者相當推薦新濠影匯！

左／兒童專屬的滑水道。
右／若不想玩水，也有海盜船造型的遊樂設施可以讓小孩玩樂。

新濠影匯前往各景點公共巴士路線如下：

★前往官也街：

• 搭乘 15 號巴士，至「氹仔官也街」站下車，車程約 10 分鐘。

★前往賽馬場：

• 搭乘 15、26、MT4 號巴士，至「賽馬會」站下車，車程約 20 分鐘。

★前往亞馬喇前地：

• 搭乘 21A、25、25B、26A 號巴士，至「亞馬喇前地」站下車，車程約 30 分鐘。

★前往媽閣廟：

• 搭乘 21A 號巴士，至「媽閣廟站」站下車，車程約 40 分鐘。
• 搭乘 26 號巴士，至「媽閣總站」站下車，車程約 25 分鐘。
　（雖車程較近，但下車後需走一段路才抵達媽閣廟）

★前往福隆新街、新馬路、議事亭前地：

• 搭乘 21A 號巴士，至「金碧文娛中心」站下車，車程約 35 分鐘。
• 搭乘 26A 號巴士，至「新馬路／永亨」站下車，車程約 35 分鐘。

★前往盧廉若公園：

• 搭乘 25、25B 號巴士，至「盧廉若公園」站下車，車程約 40 分鐘。

★前往澳門旅遊塔：

• 搭乘 26 號巴士，至「澳門旅遊塔」站下車，車程約 20 分鐘。

★前往龍華茶樓：

• 搭乘 26、26A 號巴士，至「提督／紅街市」站下車，車程約 30 分鐘。

上／利澳酒店華麗的入住櫃檯與大廳。
下／利澳酒店飯店大門。

利澳酒店

利澳酒店（葡萄牙語：Rio，英語：RIO HOTEL），是一間義大利宮廷式華麗風格的四星級豪華酒店。

交通與生活機能便利，是利澳酒店的優勢之一。由於鄰近港澳碼頭，加上飯店四周共有 3 個公車站牌，因此前往各個景點十分方便。雖然飯店只提供港澳碼頭的往返接駁車，但由於附近巴士站牌很多，要往返機場不是問題。

飯店樓下正對面有 7-11 和兌換外幣的銀號跟澳門伴手禮名店「咀香園」，所以入住時可以很方便地兌換到匯率比較好的澳門幣；要離境前往機場時，也可以順便買伴手禮，不用從別的景點提著大盒小盒回飯店。

除了 7-11，飯店大門的左斜對面，超商招牌再往左約 10 公尺有間超級市場，裡面的商品選擇還有價錢都會比 7-11 多樣且優惠。飯店也鄰近澳門通客戶服務中心，如果離境前想要退卡，也不會太麻煩，以生

• 第一國際商業中心外的「東方拱門」站是非常便利的巴士站牌。有別於常見的紅色鐵牌,「東方拱門」站為透明的候車亭。離利澳酒店約200公尺。

• 3號巴士,可至龍華茶樓。於「提督/紅街市」站下車。

• 3、5、10號巴士,可至議事亭前地、福隆新街、崗頂劇院、何東圖書館。
（3號巴士至「新馬路/永亨」站下車;5、10號巴士至「金碧文娛中心」站下車）

• 5、28B、10號巴士可至媽閣廟。於「媽閣廟站」站下車。

• 28B號巴士,可至崗頂劇院、何東圖書館。
於「風順堂街」站下車。

• 32號巴士,可至澳門旅遊塔。於「澳門旅遊塔」站下車。

• 10X、28A、32號巴士可至「亞馬喇前地」站下車,轉往各地,包括機場。

• 28A號巴士可至官也街。於「氹仔官也街」站下車。

• 28C號巴士可至盧廉若公園。於「盧廉若公園」站下車。

• 28C號巴士可至東望洋燈塔。於「得勝斜巷」站下車。

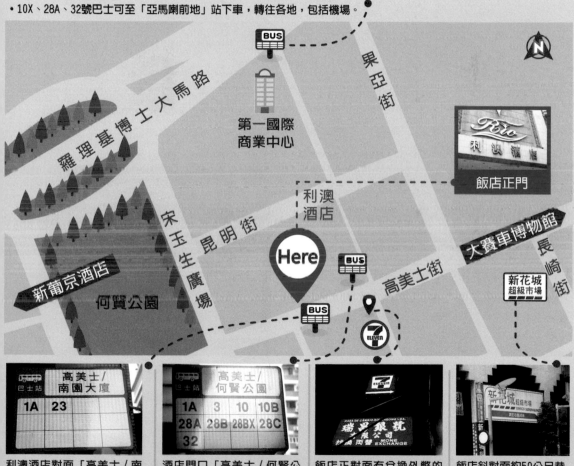

利澳酒店對面「高美士/南園大廈」站,23號巴士可至「亞馬喇前地」站,下車徒步前往新葡京酒店。或轉乘MT1號巴士至「澳門機場」站與「澳門旅遊塔」站。

酒店門口「高美士/何賢公園」站,搭乘32號巴士至「二龍喉公園」站,可前往東望洋山;搭乘3、28A號巴士,至「外港碼頭」站,轉乘AP1號巴士可至澳門機場。

飯店正對面有兌換外幣的銀號,匯率皆優於機場或飯店及購物中心。銀號旁邊的巷子內則有7-11。銀號旁的咀香園餅家,是購買伴手禮好去處。

飯店斜對面約50公尺巷內,有新花城超市,裡面產品種類與價錢都優於超商。不論是要補充所需或者挖寶,都是很好的地點。

- 🏠 澳門本島──新口岸
- 📍 澳門新口岸高美士街 33 號
- 🚌 ▪港澳碼頭有免費接駁車，每 30 分鐘發車，車程約 5 分鐘。
  - ▪從機場搭乘 AP1 號巴士至「港澳碼頭」下車，車程約 45 分鐘。再轉乘至飯店，轉乘選項如下：
    - •轉搭免費接駁車抵達。車程約 5 分鐘。
    - •轉搭 1A 號巴士至「高美士 / 南園大廈」站，車程約 5 分鐘，下車即是飯店。
    - •轉搭 10B、28BX 號巴士至「高美士 / 何賢公園」站，車程約 5 分鐘，下車即是飯店。
    - •轉搭 3、10、10X、28、28B、32 號巴士至「東方拱門」站下車，車程約 5 分鐘，下車徒步 3 分鐘抵達。
  - ▪從機場搭乘 MT1 號巴士至「亞馬喇前地」站下車，轉搭 3、10、10B、28A、28BX、28C3、32 號巴士至「高美士 / 何賢公園」站，車程約 35 分鐘，下車即是飯店。
- 💰 雙人房約台幣 3,000 ～ 9,000 元（價位會因例假日與房型異動）
- 📶 提供免費無線上網
- ✅ ▪交通便利。
  - ▪飯店提供房客免費使用游泳池與健身房。
- 📷 漁人碼頭、東望洋燈塔、大賽車博物館
- 📖 奢華澳門（P93）、澳門八景（P93）、經典澳門（P92）
- 🌐 http://www.riomacau.com/

活機能來說真的十分方便。

　　房價方面，一樣的房型可以從不到 3,000 台幣落差到接近 9,000 台幣，關鍵在提前預訂和是否為假日。所以若提前兩個月預訂平日入住，可以訂到一晚不到 3,000 元台幣的房價，以這個地點來說，真的十分划算。

　　雖然附近沒有徒步可至的景點，但如果能以優惠價格入住四星級飯店，加上便利的交通和優越的生活機能，其實還滿划算跟推薦的！

※ **特別提醒：**入住時，房間一晚需要 500 元押金喔！

上／房間相當寬敞且高級舒適，空間不輸五星級飯店。
下／飯店大門口對面的外幣兌換處，這裡的港幣兌換澳門幣匯率優於機場。

🚌 利澳酒店前往各景點公共巴士路線如下：

★前往議事亭前地、福隆新街、崗頂劇院、何東圖書館：

- 搭乘 3 號巴士，至「新馬路 / 永亨」站下車，車程約 10 分鐘。
- 搭乘 5 號巴士，至「金碧文娛中心」下車，車程約 10 分鐘。
- 搭乘 10 號巴士，至「金碧文娛中心」下車，車程約 10 分鐘。

★前往媽閣廟：

- 搭乘 5 號巴士，至「媽閣廟站」站下車，車程約 15 分鐘。
- 搭乘 28B 號巴士，至「媽閣廟站」站下車，車程約 15 分鐘
- 搭乘 10 號巴士，至「媽閣廟站」站下車，車程約 20 分鐘。

★前往官也街：

- 搭乘 28A 號巴士，至「氹仔官也街」站下車，車程約 25 分鐘。

★前往新葡京酒店、亞馬喇前地：

- 搭乘 10X 號巴士，至「亞馬喇前地」站下車，車程約 3 分鐘。
- 搭乘 28A 號巴士，至「亞馬喇前地」站下車，車程約 3 分鐘。
- 搭乘 32 號巴士，至「亞馬喇前地」站下車，車程約 3 分鐘。
- 搭乘 10B 號巴士，至「葡京酒店」站下車，車程約 15 分鐘。

★前往崗頂劇院、何東圖書館：

- 搭乘 28B 號巴士，至「風順堂街」站下車，車程約 10 分鐘。

★前往澳門旅遊塔：

- 搭乘 32 號巴士，至「澳門旅遊塔」站下車，車程約 10 分鐘。

★前往盧廉若公園：

- 搭乘 28C 號巴士，至「盧廉若公園」站下車，車程約 10 分鐘。

BUS
東方
拱門站

★前往東望洋燈塔：

- 搭乘 28C 號巴士，至「得勝斜巷」站下車，車程約 5 分鐘。
- 搭乘 32 號巴士，至「二龍喉公園」站下車，車程約 15 分鐘。

★前往澳門機場：

- 搭乘 10X、28A、32 號巴士，至「亞馬喇前地」站下車，轉乘 MT1 號巴士至「澳門機場」站下車，車程約 40 分鐘。（請額外預留轉乘候車時間）

★前往龍華茶樓：

- 搭乘 3 號巴士，至「提督 / 紅街市」站下車，車程約 15 分鐘。

BUS
高美士
南園大廈站

★前往新葡京酒店、亞馬喇前地：

- 搭乘 23 號巴士，至「亞馬喇前地」站下車，車程約 10 分鐘。

★前往澳門旅遊塔：

- 搭乘 23 號巴士，至「澳門旅遊塔」站下車，車程約 20 分鐘。

★前往澳門機場：

- 搭乘 23 號巴士，至「亞馬喇前地」站下車，轉乘乘 MT1、MT2 號巴士至「澳門機場」站下車，車程約 40 分鐘。（請額外預留轉乘候車時間）

BUS
高美士
何賢公園站

★前往東望洋燈塔：

- 搭乘 32 號巴士，至「二龍喉公園」站下車，車程約 5 分鐘。

★前往澳門機場：

- 搭乘 3、28A 號巴士，至「外港碼頭」站下車，轉乘 AP1 號巴士至「澳門機場」站下車，車程約 25 分鐘。（請額外預留轉乘候車時間）

★前往港澳碼頭：

- 搭乘 3 號巴士，至「外港碼頭」站下車，車程約 5 分鐘。

君怡酒店

　　君怡酒店是位在氹仔市中心的四星級酒店，四周密集的公車站牌和店家，為其最大優勢。飯店四周有數間超商和生鮮超市，能以當地居民的價位購買到日用品，進行生活補給相當容易；平價餐廳也不少，夜晚還有小攤販，要吃消夜不成問題。飯店門口就有郵筒，要寄張明信片給台灣親友也相當方便。

　　君怡酒店的規模雖然比不上路氹城的度假村，不過飯店內也有設置一個小型賭場，讓入住旅客可以試試手氣。而且飯店對面就是賽馬會，如果遇到有賽事進行，不訪去體驗一下！

君怡酒店外觀。

明亮的飯店大廳。

https://pse.is/BSF34

🏨 氹仔

🏠 澳門氹仔柯維納馬路 142 號

🚌 ■ 從機場搭乘 36 號、MT4 巴士到「賽馬會」站下車,過對面馬路,車程約 30 分鐘。
　　■ 港澳碼頭有免費接駁車,車程約 20 分鐘。

💲 雙人房約台幣 3,000 ～ 4,000 元(價位會因例假日與房型異動)

📶 提供免費無線上網

☁ ■ 生活機能方便,飯店四周有超商與各類店家與餐廳。
　　■ 交通便利,飯店樓下就有公車站牌。

📷 官也街、龍環葡韻、賽馬會

📖 經典澳門(P92)、澳門八景(P93)

🌐 http://www.grandview-hotel.com/chinese/

左/舒服的房間,床鋪是加大單人床。　　右/從房間可以看到賽馬會內的馬匹。

　　交通部分,君怡酒店只有提供往返碼頭的接駁車,所以從機場要前往飯店,需要搭乘公共巴士 36 號、MT4 到「賽馬會」站下車。「賽馬會」站就在飯店的對面,只要過個馬路就能抵達飯店。但要返回機場,則必須由「南新花園」站搭車返回,並非在「賽馬會」站搭車。

　　君怡酒店附近最方便的公車站是「南新花園」站,只要利用「南新花園」站,就可以順利地前往各個景點。而氹仔知名景點官也街和龍環葡韻,離君怡酒店僅有 20 分鐘的腳程,若想要深入觀賞澳門街景,可以選擇從飯店漫步到官也街。或者到「南新花園」站,搭乘 11 號公共巴士,也可以抵達。

- 「南新花園」站，是君怡酒店附近最方便的站牌。

- 11號巴士：可抵達官也街（於「氹仔官也街」站下車）、媽閣廟（於「媽閣廟站」站下車）。

- 15、26號巴士：可抵達新濠天地（於「連貫公路／新濠天地」站下車）、
可抵達金沙城中心（於「連貫公路／金沙城中心」站下車）。

- MT4號巴士：可抵達威尼斯人（於「新城大馬路／威尼斯人」站下車）、
可抵達新濠影匯（於「路氹邊檢／新濠影匯」站下車）、
觀賞《水舞間》（於「體育館馬路／新濠天地」站下車）。

- 22號巴士：可抵達盧廉若公園（於「盧廉若公園」站下車）、亞馬喇前地（於「亞馬喇前地」站下車）。

- 33號巴士：可抵達議事亭前地、崗頂劇院（於「新馬路／永亨」站下車）、
可抵達亞馬喇前地（於「亞馬喇前地」站下車）。

- 28A號巴士：亦可抵達亞馬喇前地（於「亞馬喇前地」站下車）。

- 26號巴士：則可抵達澳門機場（於「澳門機場」站下車）。

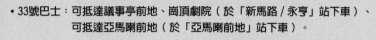

巴士站	南新花園		
11	22	28A	30
33	34	35	MT5
N5			

飯店正門

Here　君怡酒店

駿景酒店

廣東大馬路　布拉格街　沙維斯街　潮州街

柯維納馬路

柯維納馬路

賽馬會

亞威羅街

澳門賽馬會賽事大樓　RACING CO

君怡酒店斜對面是澳門賽馬會，可從飯店房間看到賽馬正在練習。

巴士站	賽馬會-1		
15	26	30	N34
N35	36	MT1	MT4
N5			

從機場前往君怡酒店，可搭乘MT4或36號到「賽馬會」站，下車後斜對面馬路三角窗即是。（照片中的站牌名稱「賽馬會-1」，已改為「賽馬會」）

酒店對面就有超商，旁邊也有新苗超級市場，都是補充用品的方便地點。新苗超市的選擇和價位優於超商。超商方便之處在於離飯店距離較近。

BUS
南新
花園站

君怡酒店前往各景點公共巴士路線如下：

★前往議事亭前地、崗頂劇院：

• 搭乘 33 號巴士，至「新馬路／永亨」站下車，車程約 25 分鐘。

★前往官也街：

• 搭乘 11 號巴士，至「氹仔官也街」站下車，車程約 15 分鐘。

★前往福隆新街：

• 搭乘 11 號巴士，至「金碧文娛中心」站下車，車程約 35 分鐘。

★前往媽閣廟：

• 搭乘 11 號巴士，至「媽閣廟」站下車，車程約 45 分鐘。

★前往新葡京飯店、亞馬喇前地：

• 搭乘 11 號巴士，至「亞馬喇前地」站下車，車程約 30 分鐘。
• 搭乘 22、28A、33、MT2 號巴士，至「亞馬喇前地」站下車，車程約 10 分鐘。

★前往澳門機場：

• 搭乘 26 號巴士，至「澳門機場」站下車，車程約 10 分鐘。

★前往盧廉若公園：

• 搭乘 22 號巴士，至「盧廉若公園」站下車，車程約 20 分鐘。

★前往新濠天地：

• 搭乘 15、26 號巴士，至「連貫公路／新濠天地」站下車，車程約 10 分鐘。

★前往金沙城中心：

• 搭乘 15、26 號巴士，至「連貫公路 / 金沙城中心」站下車，車程約 10 分鐘。

★前往威尼斯人：

• 搭乘 MT4 號巴士，至「新城大馬路 / 威尼斯人」站下車，車程約 10 分鐘。

★前往新濠影匯：

• 搭乘 MT4 號巴士，至「路氹邊檢 / 新濠影匯」站下車，車程約 15 分鐘。

★前往新濠天地（水舞間）：

• 搭乘 MT4 號巴士，至「體育館馬路 / 新濠天地」站下車，車程約 20 分鐘。

澳萊大三元酒店外觀。

澳萊大三元酒店

　　澳萊大三元酒店的特色就是擁有極佳的地理位置，雖位於小巷內，但該條小巷就是澳門傳統美食聚集的福隆新街，酒店對面更是著名的「三元粥品」。不管是廣東粥、竹昇麵、杏仁餅等等澳門特色食物，全部都可以在這裡品嚐到。

　　巷口走出的大馬路為「亞美打利庇盧大馬路」，也就是新馬路，可以說是澳門最重要的一條馬路。沿著新馬路徒步 3 分鐘，可抵達世界遺產──議事亭前地區域；從議事亭前地一路逛上去，可以抵達澳門代表性景點──大三巴牌樓；從飯店沿著小巷徒步 10 分鐘，則能抵達另一個世界遺產──崗頂劇院、何東圖書館所在的崗頂前地。

　　搭乘巴士方面，澳萊大三元酒店附近以「金碧文娛中心」站、「新

「新馬路／爐石塘」巴士站，可前往下列地點：
- 亞馬喇前地：11、21A、26A、33、N1B號巴士，至「亞馬喇前地」站下車。
- 官也街：11、33號巴士，「氹仔官也街」站下車。
- 路環：21A、26A號巴士，至「路環居民大會堂」站下車。
- 金沙城中心：21A、26A號巴士，「連貫公路／金沙城中心」站下車。
- 新濠天地（水舞間）：
  21A、26A號巴士，至「連貫公路／新濠天地」站下車。
- 澳門機場：抵達「亞馬喇前地」站，轉乘MT1號巴士直達澳門機場。

	新馬路/爐石塘		
11	21A	26A	33

	金碧文娛中心		
2	3A	5	7
10	10A	11	21A
N3			

「金碧文娛中心」站，可前往媽閣廟。搭乘2、5、10、10A、11、21A、N3號巴士，至「媽閣廟站」站下車。

飯店正門

飯店正對面是頗負盛名的三元粥品。

福隆新街的祥記麵家，招牌竹昇麵的老店家。

新馬路上的鉅記餅家，彎進清平巷，第一個大路口右轉即是飯店所在。

	新馬路/大豐		
2	3	3A	3X
5	6A	9	10
10A	18	N1B	N3

「新馬路／大豐」站，可前往新葡京酒店：
- 3、3A、10、10A號巴士，至「葡京酒店」站下車。
- 盧廉若公園：
  2、5號巴士，至「盧廉若公園」站下車。
- 東望洋燈塔：
  6A號巴士，至「得勝斜巷」站下車。
- 港澳碼頭：
  3、3A、10A號巴士，至「外港碼頭」站下車。
- 澳門機場：
  至港澳碼頭，轉乘AP1號巴士直達澳門機場。

典當業展示館外，即是「新馬路／大豐」站。

擁有百年歷史的同善堂，不只是一間醫療診所，更是著名的慈善機構。

世界遺產—三街會館也是在酒店附近徒步可達。

民政總署對面即是澳門最有名的議事亭前地。

從飯店徒步不須10分鐘，即可抵達民政總署。

BUS

Here

清平街

爐石塘巷

亞美打利庇盧大馬路（新馬路）

福隆新街

民政總署　議事亭前地

位於狹小巷弄內的成記粥品，也是澳門著名粥品，每日賣完為止。

柱子上大大寫著薑汁燉鮮奶，這就是以燉奶甜品著名的義順鮮奶。

	新馬路/永亨		
3	3X	4	6A
8A	18A	19	26A
33	N1A		

「新馬路／永亨」巴士站，雖然能前往的景點稀少，但卻是主要抵達澳萊大三元酒店的站牌。要從各景點返回酒店，幾乎都是在此站牌下車。

https://pse.is/BT93Y

- 澳門本島——新馬路
- 澳門白眼塘橫街 43 號
- 由澳門機場或冰仔客運碼頭（臨時客運碼頭）前往：搭乘 MT1、N2 抵達「亞馬喇前地」站下車，轉搭 10A、11、21A、3A、N3 抵達「金碧文娛中心」站，總車程約 30 分鐘（不含換乘候車時間）。下車後徒步 1 分鐘抵達。或者抵達「亞馬喇前地」站下車，車程約 25 分鐘，徒步 15 分鐘抵達。
  - 由外港碼頭（港澳碼頭）前往：搭乘 3、N1A 抵達「新馬路/永亨」站，車程約 20 分鐘，下車後徒步 3 分鐘抵達。
- 雙人房約台幣 2,000 ～ 3,000 元（價位會因例假日與房型異動）
- 提供免費無線上網
- 離景點距離接近。
  - 交通便利。
  - 用餐方便。
- 議事亭前地區域、大三巴牌坊區域、福隆新街、新馬路、崗頂劇院
- 經典澳門（P92）、澳門八景（P93）
- http://oletaisamunhotel.com/

上／房間麻雀雖小，
五臟俱全。
下／飯店外就有數間
著名手信店，回
飯店時還可以順
便買紀念品，不
用提著大包小
包。

馬路/永亨」站、「新馬路/大豐」站、「新馬路/爐石塘」站這四個站牌為外出路線，巴士路線頻繁且密集。若從外地要回飯店，則搭至「新馬路/永亨」站下車。

在澳萊大三元酒店住宿，不管是享用美食或者參訪景點，都十分便利！適合以景點距離為考量的住宿選擇。

飯店外是被澳門政府認定為歷史保留區域的福隆新街,幾乎都維持了以前的樣貌。

澳萊大三元酒店前往各景點公共巴士路線如下:

★前往新葡京酒店:

- 搭乘 3、3A、10、10A 號巴士,至「葡京酒店」站下車,車程約 5 分鐘。

★前往盧廉若公園:

- 搭乘 2、5 號巴士,至「盧廉若公園」站下車,車程約 10 分鐘。

★前往東望洋燈塔:

- 搭乘 6A 號巴士,至「得勝斜巷」站下車,車程約 15 分鐘。

★前往澳門機場:

- 搭乘 3 號巴士,至「外港碼頭」站下車,轉乘 AP1 號巴士直達澳門機場,總車程約 40 分鐘。(請額外預留轉乘候車時間)
- 搭乘 10 號巴士,至「亞馬喇前地」站下車,轉乘 MT1 號巴士直達澳門機場,總車程約 40 分鐘。(請額外預留轉乘候車時間)

★前往港澳碼頭：

- 搭乘 3、3A、10A 號巴士，至「外港碼頭」站下車，車程約 20 分鐘。
  （10 號巴士亦可抵達，但要多搭 9 站，較為耗時）

★前往新葡京酒店：

- 搭乘 11、21A、26A、33、N1B 號巴士，至「亞馬喇前地」站下車，車程約 5 分鐘。

★前往官也街：

- 搭乘 11 號巴士，至「氹仔官也街」站下車，車程約 15 分鐘。
- 搭乘 33 號巴士，至「氹仔官也街」站下車，車程約 30 分鐘。

★前往路環：

- 搭乘 21A、26A 號巴士，至「路環居民大會堂」站下車，車程約 50 分鐘。

★前往金沙城中心：

- 搭乘 21A、26A 號巴士，至「連貫公路／金沙城中心」站下車，車程約 20 分鐘。

★前往新濠天地（水舞間）：

- 搭乘 21A、26A 號巴士，至「連貫公路／新濠天地」站下車，車程約 20 分鐘。

★前往澳門機場：

- 搭乘 11、21A、26A、33、N1B 號巴士抵達「亞馬喇前地」站後，轉乘 MT1 號巴士直達澳門機場，總車程約 40 分鐘。
  （請額外預留轉乘候車時間）

★前往媽閣廟：

- 搭乘 2、5、10、10A、11、21A、N3 號巴士，至「媽閣廟站」站下車，車程約 10 分鐘。

最佳西方新新酒店

　　「最佳西方」（Best Western）是全球性的連鎖飯店集團，在全世界擁有 4,200 多間飯店。筆者數次在不同國家入住過該集團旗下飯店，住宿體驗都相當不錯，是個可以信任的飯店集團。

　　最佳西方集團在澳門的飯店，即是「最佳西方新新」。新新酒店屬於二星級的商務旅館，特色是平價且交通便利，許多澳門的著名景點，例如媽閣廟和議事亭前地區域，徒步 15 分鐘就能抵達。附近巴士站牌也很多，因此不論是搭乘巴士或者徒步前往，都很方便。尤其往返機場相當方便，利用 26 號巴士就可以直達機場與飯店。另外，飯店四周小巷錯綜複雜，漫步其中，可以更貼近澳門當地民眾生活風貌。

　　飯店所在地也頗有歷史故事，飯店所處區域稱為「司打口」。從明朝開始，這裡就是鴉片進口之處，因此「司打」二字的由來，不論何種說法，都與鴉片進口的稅收有關，而澳門人稱碼頭為「口」。因此合起來，司打口即為鴉片進口的碼頭之意。因此飯店附近有一棟稱為「鴉片屋」的顯眼黃色古蹟，以前是收鴉片菸稅的機構。百年經過，

飯店大廳採取明亮簡潔風格。

多次改變用途，現為同善堂第二診所。

雖然新新酒店屬於商務型旅館，房間空間不大，但是房內設施一點也不馬虎，應有盡有。除了基本上都會提供的瓶裝水外，冰箱內的飲品也都可以免費飲用，甚至還有膠囊咖啡機可以使用，算是誠意十足的飯店。

左／　新新酒店的大門，紅色圓頂遮陽棚是很好的識別裝置。
右上／鄰近新新酒店的同善堂第二診所，也就是俗稱的「鴉片屋」。
右下／新新酒店面對柯邦迪前地，環境相當清幽，跟朋友會合或者暫時小憩，都是很理想的地點。

https://pse.is/BPC8G

- 🏙 澳門本島──新馬路
- 🏠 澳門司打口 14 號至 16 號
- 🚌 • 由澳門機場搭乘 MT4 號巴士抵達「火船頭街」站，車程約 30 分鐘，下車後徒步 3 分鐘抵達。
  - 由外港碼頭（港澳碼頭）前往：搭乘 10、10A 抵達「司打口」站，車程約 20 分鐘，下車後徒步 1 分鐘抵達。
  - 氹仔客運碼頭（臨時客運碼頭）前往：搭乘 26 號巴士抵達「火船頭街」站，車程約 30 分鐘，下車後徒步 3 分鐘抵達。
- 💰 雙人房約台幣 2,000 ～ 4,000 元（價位會因例假日與房型異動）
- 📶 提供免費無線上網
- ☁ 離景點距離接近。
  - 交通便利。
  - 有販售澳門通。
- 📷 議事亭前地區域、大三巴牌坊區域、福隆新街、新馬路、崗頂劇院、媽閣廟
- 🗺 經典澳門（P92）
- 🌐 http://www.macauhotelsunsun.com/

萬事發酒店外「火船頭街」站，可前往議事亭前地、大三巴牌坊、福隆新街、新葡京酒店、金沙城中心、新濠天地（水舞間）、官也街、路環、盧廉若公園、港澳碼頭，是個非常方便的站牌。這也是從澳門機場前往新新酒店的下車點。

飯店外這棟鮮明的鵝黃色建築，是舊稱「鴉片屋」的歷史建築。現在則為同善堂第二診所。

萬事發酒店

道德巷

福隆新街

火船頭街

夜呷街

蓬萊新街

同善堂

新花城超級市場

最佳西方新新酒店

Here

柯邦迪前地

飯店正門

媽閣廟

7 ELEVEN

「司打口總站」站只有3A路線巴士，但能前往議事亭前地、大三巴牌坊、福隆新街、新葡京酒店、港澳碼頭等地。

超商前「司打口」站，可抵達新葡京酒店、媽閣廟、威尼斯人、新濠天地（水舞間）、路環、澳門旅遊塔、盧廉若公園、主教山小堂、氹仔客運碼頭等地，但最重要是可以抵達澳門機場！（不過請注意無法從澳門機場抵達這裡）

柯邦迪前地
（司打口）
PRAÇA DE
PONTE E HORTA

從火船頭街的柯邦迪前地，往巷內看，顯眼的紅色篷子即為新新酒店的大門。

BUS
司打口
總站

 最佳西方新新酒店前往各景點公共巴士路線如下：

★前往議事亭前地、大三巴牌坊、福隆新街：

• 搭乘 3A 號巴士，至「新馬路 / 大豐」站下車，車程約 5 分鐘。

★前往新葡京酒店：

• 搭乘 3A 號巴士，至「葡京酒店」站下車，車程約 10 分鐘。

★前往港澳碼頭：

• 搭乘 3A 號巴士，至「外港碼頭」站下車，車程約 25 分鐘。

BUS
火船
頭街

★前往議事亭前地、大三巴牌坊、福隆新街：

• 搭乘 2、3A、5、10、10A、18、N3 號巴士，至「新馬路 / 大豐」站下車，車程約 1 分鐘。
• 搭乘 11、21A 號巴士，至「新馬路 / 爐石塘」站下車，車程約 1 分鐘。

★前往新葡京酒店：

• 搭乘 3A、10、10A 號巴士，至「葡京酒店」站下車，車程約 10 分鐘。

★前往金沙城中心：

• 搭乘 21A 號巴士，至「連貫公路 / 金沙城中心」站下車，車程約 15 分鐘。

★前往新濠天地（水舞間）：

• 搭乘 21A 號巴士，至「連貫公路 / 新濠天地」站下車，車程約 15 分鐘。

★前往官也街：

• 搭乘 11 號巴士，至「氹仔官也街」站下車，車程約 30 分鐘。

★前往路環：

• 搭乘 21A 號巴士，至「路環居民大會堂」站下車，車程約 30 分鐘。

★前往盧廉若公園：

• 搭乘 2、5 號巴士，至「盧廉若公園」站下車，車程約 10 分鐘。

★前往港澳碼頭：

• 搭乘 3A、10A 號巴士，至「外港碼頭」站下車，車程約 25 分鐘。

★前往議事亭前地、大三巴牌坊、福隆新街：

• 搭乘 2、5、10、10A、18、N3 號巴士，至「新馬路／大豐」站下車，車程約 3 分鐘。
• 搭乘 11、21A 號巴士，至「新馬路／爐石塘」站下車，車程約 3 分鐘。

★前往新葡京酒店：

• 搭乘 10、10A 號巴士，至「葡京酒店」站下車，車程約 10 分鐘。

★前往金沙城中心：

• 搭乘 21A 號巴士，至「連貫公路／金沙城中心」站下車，車程約 15 分鐘。

★前往新濠天地（水舞間）：

• 搭乘 21A 號巴士，至「連貫公路／新濠天地」站下車，車程約 15 分鐘。

★前往官也街：

• 搭乘 11 號巴士，至「氹仔官也街」站下車，車程約 30 分鐘。

★前往路環：

• 搭乘 21A 號巴士，至「路環居民大會堂」站下車，車程約 30 分鐘。

★前往盧廉若公園：

• 搭乘 2、5 號巴士，至「盧廉若公園」站下車，車程約 10 分鐘。

★前往新葡京酒店：

• 搭乘 6B 號巴士，至「葡京酒店」站下車，車程約 20 分鐘。

★前往媽閣廟：

• 搭乘 1、2、5、6B、10、10A、11、21A、26、55、MT4 號巴士，至「媽閣廟站」站下車，車程約 5 分鐘。

> ※ **小提醒**：「火船頭街」站與「河邊新街 / 李道巷」站的 11 號巴士雖然也可以抵達媽閣廟，但路線是繞一大圈，車程會花上 60 分鐘，所以不建議搭乘。

★前往威尼斯人：

• 搭乘 MT4 號巴士，至「新城大馬路 / 威尼斯人」站下車，車程約 20 分鐘。

★前往新濠天地（水舞間）：

• 搭乘 MT4 號巴士，至「體育館馬路 / 新濠天地」站下車，車程約 30 分鐘。

★前往路環：

• 搭乘 26 號巴士，至「路環街市」站下車，車程約 50 分鐘。

★前往澳門旅遊塔：

• 搭乘 5、5AX 號巴士，至「澳門旅遊塔」站下車，車程約 10 分鐘。

★前往盧廉若公園：

• 搭乘 2、16 號巴士，至「盧廉若公園」站下車，車程約 20 分鐘。

★前往主教山小堂：

• 搭乘 16 號巴士，至「西坑街」站下車，車程約 5 分鐘。

★前往澳門機場：

• 搭乘 26 號巴士，至「澳門機場」站下車，車程約 25 分鐘。

★前往氹仔客運碼頭：

• 搭乘 26、MT4 號巴士，至「氹仔客運碼頭」站下車，車程約 25 分鐘。

| 04 |
進入
澳門

行李手推車回收站
Ponto de recolha de carrinhos de bagagem
Baggage trolley drop off point

巴士
BUS
Autocarros

澳門機場1F（地下） 入境大廳

註：澳門地區的「地下」，指的就是台灣所謂的1F
澳門地區的1F，則是台灣認知上的2F

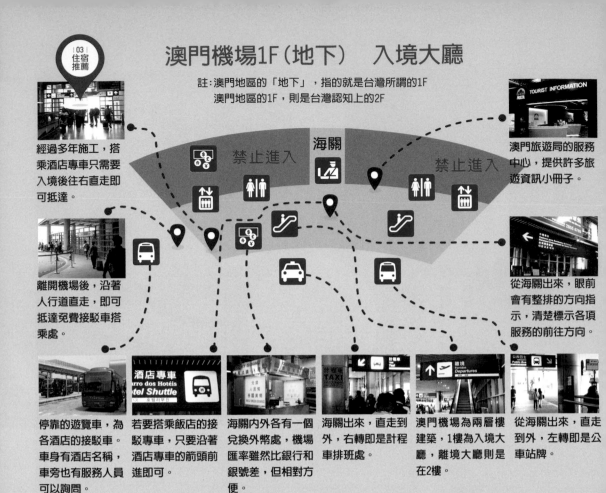

03 住宿推薦

經過多年施工，搭乘酒店專車只需要入境後往右直走即可抵達。

澳門旅遊局的服務中心，提供許多旅遊資訊小冊子。

離開機場後，沿著人行道直走，即可抵達免費接駁車搭乘處。

從海關出來，眼前會有整排的方向指示，清楚標示各項服務的前往方向。

停靠的遊覽車，為各酒店的接駁車。車身有酒店名稱，車旁也有服務人員可以詢問。

若要搭乘飯店的接駁專車，只要沿著酒店專車的箭頭前進即可。

海關內外各有一個兌換外幣處，機場匯率雖然比銀行和銀號差，但相對方便。

海關出來，直走到外，右轉即是計程車排班處。

澳門機場為兩層樓建築，1樓為入境大廳，離境大廳則是在2樓。

從海關出來，直走到外，左轉即是公車站牌。

澳門機場2F（1樓） 離境大廳

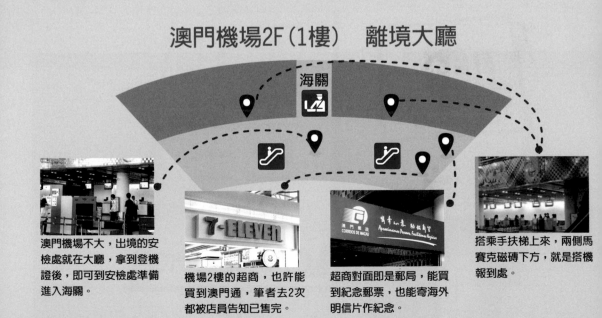

澳門機場不大，出境的安檢處就在大廳，拿到登機證後，即可到安檢處準備進入海關。

機場2樓的超商，也許能買到澳門通，筆者去2次都被店員告知已售完。

超商對面即是郵局，能買到紀念郵票，也能寄海外明信片作紀念。

搭乘手扶梯上來，兩側馬賽克磁磚下方，就是搭機報到處。

▶ 澳門國際機場
http://www.macau-airport.com/

1995 年啟用的澳門國際機場（機場代碼：MFM），是澳門接待外國旅客最主要的入口。機場規模雖然相當迷你，不過小而美，即使已經營運 20 年，但整體設施還是維持得不錯，尤其各項指標都相當的清楚明白。

若有兌換外幣的需求，機場內有兩個比較方便的外幣兌換處。一個位於入境檢驗後的行李轉盤前，另一個位於出關後的右前方。雖然在機場兌換的匯率不及他處，但可以省下四處尋找兌幣處的麻煩，且可以先兌換一些硬幣，方便搭乘巴士使用。

若需要索取旅遊資訊，旅遊詢問處在入境後的左手邊，裡面可自行取閱各類澳門旅遊資訊，且休息空間相當舒服。

離開澳門機場有以下幾種交通方法：公共巴士、飯店免費接駁巴士、的士（計程車）和直通快線巴士。

🚌 公共巴士

搭乘公共巴士的方法為：

步驟 1
入境後，眼前的紅色指標會清楚地標示搭乘公共巴士的方向。

步驟 2
各個出口的電動門上也會有公共巴士的指示箭頭。

步驟 3
出來後，往左邊看就會看到公共巴士的箭頭，這裡就是搭乘公共巴士的排隊處。

澳門機場比較適合旅客的公共巴士有 AP1、MT1、MT4、N2 這幾條路線，以下介紹這幾條路線的特色。

- **MT1、N2**：這兩條路線是從澳門機場能抵達澳門本島的巴士路線，皆途經「亞馬喇前地」，是機場前往各景點最主要的轉車路線。由於亞馬喇前地是多線巴士匯集的重要轉車大站，搭乘這兩條路線抵達亞馬喇前地後，在亞馬喇前地就能徒步或轉車，所有景點幾乎皆能到達。

　　這兩條路線的差異，MT1 為日間巴士，行駛時間為 07:00 至 22:30；N2 為夜間巴士，行駛時間為 00:00 至 06:00，因此班機若在夜間抵達澳門，還是有巴士可以提供載送的便利服務。

- **AP1**：以澳門的東半部路線為主，從澳門機場上車後，會經過外港碼頭（港澳碼頭 P84），抵達最北邊進入中國內陸的關閘。

- **MT4**：由氹仔客運碼頭為起始點，停靠澳門機場後，沿路會停靠「賽馬會」站與「媽閣總站」站及「火船頭街」站這三個書中有提到的巴士站牌。「賽馬會」站下車可前往君悅飯店；「火船頭街」站下車則可抵達最佳西方新新酒店；「媽閣總站」站則可以前往媽閣廟。在此提醒，「媽閣總站」站下車後，離世界遺產媽閣廟還有一段腳程約 10 分鐘的距離。

🚌 飯店免費接駁巴士

　　目前有在澳門機場提供免費接駁車的度假村有美高梅、澳門銀河、威尼斯人、金沙城中心、永利皇宮、新濠天地、新濠影匯、巴黎人……等等，幾乎知名的度假村皆有免費接駁車。

　　搭乘飯店免費接駁巴士方法為入境後依「酒店專車」的指標往右直走，

入境後只要依「酒店專車」的指標前進即可。

一路經過電動門離開機場大廳，外面即是接駁巴士停靠的廣場。詳細路線可參考機場地圖（P80）。

🚕 的士（計程車）

的士（計程車）的搭乘地點跟公共巴士相同，就在公共巴士站牌的右手邊。不過從的士候客區乘車，車資會額外需要 5 MOP 的附加費。

的士（計程車）的候車處，依序排隊即可搭乘。

🚌 直通快線巴士

澳門國際機場針對要前往香港的旅客，還提供了「直通快線巴士」的服務，可搭乘直通快線巴士由澳門機場直達外港客運碼頭（港澳碼頭），再轉乘渡輪航班往香港。強調兩關一檢，讓旅客以最短時間，減少身分檢驗的手續，快速出入兩個海關檢驗。

這個措施對台灣旅客的吸引力就是可以利用廉價航空的便宜機票，以澳門為起點來進行一趟港澳旅行。

要離開澳門時，出境則必須到航廈 1F（台灣的 2 樓）的出境大廳。在出境大廳靠近飲水機和廁所處，有設置郵局，可以寄送明信片或購買紀念郵票。郵局營業時間為週一至週六，10:00 至 19:00。在郵局對面則有 7-11 超商，提供一些基本補給，入境時也可至此購買澳門通。

左／入境之後，眼前會有一整排的紅色標示，告訴你需要前往的方向，非常的清楚。
右／針對各種主題推出的專屬路線手冊，都可以在入境後左手邊的旅遊詢問處免費索取，非常實用。

港澳碼頭明亮的大廳。

▶ 港澳碼頭

https://pse.is/BSF93

　　港澳碼頭的正式名稱為「外港客運碼頭」，亦簡稱為「外港碼頭」。這三個名稱在澳門的交通設施上皆會看到，指的都是同一個地方。港澳碼頭是澳門最重要的水路出入點，現有提供至香港、廣州、深圳等多條航線。

　　由於內地旅客眾多，港澳碼頭的公共巴士和免費接駁巴士路線，遠遠多於澳門機場，在港澳碼頭運行的免費接駁路線超過 30 條，澳門半島、氹仔、路氹城的四星級以上飯店，幾乎都會派出免費接駁車接送旅客。因此若是由香港前往澳門遊玩，要進入市區非常便利！

🚌 搭乘飯店免費接駁巴士的方法為：

步驟 1

入境之後，朝著的士 / 巴士 / 三輪車站的指標走到大廳。

步驟 2

直走出大廳後，就會看到不同交通工具的指標，往左走就是免費接駁巴士的上車處。

步驟 3

在大廳內就可以看到門外有各家飯店的接待小姐，拿著飯店門牌指引旅客。

步驟 4

步驟 5

四處也可見各家飯店的指引招牌。

眼前擁擠的人潮皆是要搭乘接駁巴士進入澳門各地,而各色的大傘就代表了不同飯店的巴士停靠位置。

🚌 搭乘公共巴士和計程車的方法為:

步驟 1

入境之後,朝著的士/巴士/三輪車站的指標走到大廳。

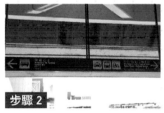

步驟 2

直走出大廳後,就會看到不同交通工具的指標,往左走就是免費接駁巴士的上車處。

步驟 3

距離門口約只有 20 公尺,但也會有明顯指標。

步驟 4

沿著指標會先走到計程車候車處。

步驟 5

計程車候車處旁就是巴士站牌區。

步驟 6

港澳碼頭在巴士站牌上的名稱是外港碼頭。

步驟 7

站牌旁也有將前往各地區的路線資訊製成大看板,上面註明哪些路線可以抵達哪些地標或景點。

氹仔客運碼頭

https://pse.is/BCWGG

　　氹仔客運碼頭提供了往來澳門至香港、深圳等航班，因此也是從香港抵達澳門的另一個選擇。與港澳碼頭的差異為，港澳碼頭位於澳門本島，要前往世界遺產各景點比較接近；氹仔客運碼頭則位於氹仔，要前往路氹城的度假村比較近。

　　在交通運輸上，氹仔客運碼頭和港澳碼頭一樣便利，多家飯店也提供了免費接駁巴士，各家飯店的接駁車搭乘處甚至比港澳碼頭還要容易識別。

巴士搭乘說明

　　要搭乘澳門巴士，首先要了解的就是巴士站牌設置規則。澳門巴士的站牌都是單邊設站，所以一個站名就只有一個站牌，不像台灣道路兩側都有站名相同但方向相反的公車站牌。因此如果你在這個站牌發現路線方向剛好和你要去的地點相反，走到對面馬路，是不會找到相同站名的站牌，這點是跟台灣最大的差異。例如議事亭前地外的「新馬路／大豐」站，對面的站牌會是「新馬路／永亨」站，並不會出現另一個反方向路線的「新馬路／大豐」站。

　　另一個要提醒的重點是，在不同站牌上車，前往的路線

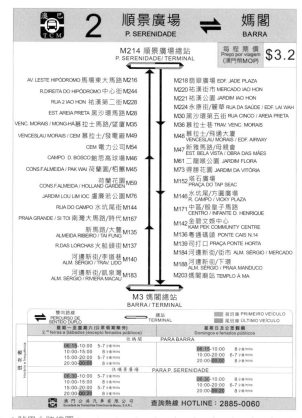

2 號巴士路線圖。

也會不同。以 2 號巴士為例，雖然都是 2 號路線，若是在「金碧文娛中心」站上車，可以抵達媽閣廟，但若是在「新馬路／大豐」站上車，就沒有辦法抵達媽閣廟。原因就是這條巴士路線是有兩個起始站，而非由起點站繞一圈回到終點站。

再者，澳門很多馬路是單行道，巴士會以環繞路線前進，所以從 A 地到 B 地，可能很多巴士都可以到，但是搭乘時間會有差異。例如從亞馬喇前地前往氹仔官也街，11 號和 33 號巴士都可以抵達，但是 11 號巴士卻需要經過 16 站，33 號巴士僅需要經過 7 站。這是因為路線運行的範圍大小不一，停靠站就會因而增加，造成搭乘時間的落差，這點在查詢巴士路線時要特別留意。

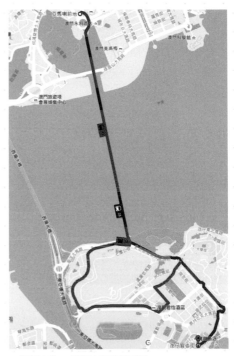

11 號巴士和 33 號巴士路線差異圖。

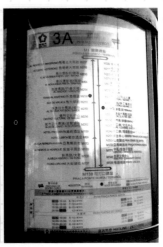

左／ 除了紅色站牌，也有這種涼亭式的巴士候車處。
中上／巴士站牌，一面是繁體中文，另一面則為葡萄牙文。
中下／站牌下的路線圖是可轉動的圓環設計，路線標示非常清楚，上面也有顯示車資金額。
右／ 有些路線雖然巴士號碼相同，但卻有分 2 條不同路線，因此這種巴士站牌，就會出現 2 個紅點。上車前要注意車頂跑馬燈的終點站是何處，才不會搭錯方向。

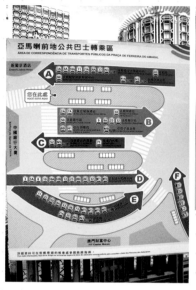

左／若是在比較大型的巴士轉運站，例如亞馬喇前地，即可看見這種巴士搭乘的指引牌，說明那些號碼的站牌會在哪個區域。

右／若是前往同個方向的巴士，也會有說明那些號碼的巴士會經過哪些重要地標。

　　也因為巴士繞行路線的關係，當景點彼此間距離不遠時，筆者通常會採取徒步前往，有時候比搭乘巴士還要省時。

　　澳門巴士的站牌會以葡萄牙文與繁體中文雙面註解，站牌下方則依據各號巴士路線圖，上方也會有車資的註解。巴士靠站，是從前門上車，後門下車，上車時就必須投幣。

　　巴士車資不限距離均為單一價 6 MOP。若是覺得搭乘巴士湊零錢相當困擾，也可以在入境時，先至機場 1F（台灣的 2F）出境大廳的 7-11 超商購買澳門通，利用澳門通感應付費。

　　上車時，在司機旁就可以看到投幣機。使用硬幣的話，就直接投在旁邊那個紅紅的塑膠口內；使用澳門通，直接感應嗶一下即可。

※ **小提醒**：澳門因為地狹人稠、街道狹小，加上一個站牌會有多條路線匯集，所以在巴士站牌候車時，幾乎沒有排隊路線，所以常常會出現大家擠在一起的情形，不過至少不會有推擠的狀況。大家到了當地，也請當個有禮貌的旅客喔！澳門公共巴士資訊站（http://www.dsat.gov.mo/bus/tc/search_index.aspx）非常好用，路線資料都可以在上面查到！

下車時，車上會有顯示停靠站名的電子儀表板，也會有廣播提示，不用太擔心過站的問題。車輛接近下車站前，需要按下車鈴。下車鈴在大型巴士的四周都會見到，小型巴士則是隱藏在上方的感應條（通常為黃色）。根據筆者的搭乘經驗，雖然有時候按了下車鈴並沒有鈴聲，但司機到站時，還是會停靠。

　　澳門巴士的搭乘方法，就如上說明般的簡單，只要了解路線運行的小小差異，就可以搭著巴士四處遊玩囉！

左／　一上車就會看到投幣機，硬幣投入旁邊的紅色塑膠口即可（澳門幣或港幣皆可）。使用澳門通，則在數字下方黑色感應區嗶一下就可以了。

右上／車內的跑馬燈都會顯示即將抵達的站名，建議要提前按鈴好準備下車。跑馬燈的左下角也是澳門通的感應器，零錢則是投入下方鐵盒。

右中／小型巴士的下車鈴要按上方的黃色感應條，所以這輛巴士都看不到貼在旁邊的感應鈕。

右下／「請由中門落車」指的是要從後門下車的意思。

MEMO

| 05 |
單日路線
推薦

澳門公共巴士路線四通八達，只要利用巴士網絡，不管什麼景點都能抵達。筆者在此規劃 4 條路線，皆以巴士直達、不需轉乘為規劃方向，希望讓初次來訪澳門的遊客，能以最方便且不會被巴士路線搞混的方式抵達景點。

　　澳門的土地面積相近於台北市文山區及高雄市鳳山區。如果對自己的腿力和體力相當有自信的自助旅人，很建議相近的景點徒步抵達，相信在漫步的過程，一定也能發現許多街景小趣味！

經典澳門

議事亭前地（P98）➜ 徒步 10 分鐘 ➜ 大三巴牌坊（P118）➜ 徒步 15 分鐘至巴士「殷皇子馬路」站，搭 33 號巴士約 20 分鐘抵達「氹仔官也街」站下車 ➜ 官也街（P208），午餐：「誠昌飯店」招牌水蟹粥（P214）➜ 至巴士「氹仔官也街」站，搭 11 號巴士約 35 分鐘抵達「媽閣廟站」站下車 ➜ 媽閣廟（P147）➜ 晚餐：經典葡國菜「船屋餐廳」（P169）➜ 至巴士「媽閣廟站」站，搭 6B 號巴士約 15 分鐘抵達「葡京酒店」站下車 ➜ 夜逛新葡京酒店（P180）

新潮澳門

議事亭前地（P98）➜ 徒步 10 分鐘 ➜ 戀愛巷（P127）➜ 大三巴牌坊（P118）➜ 徒步 15 分鐘 ➜ 午餐：體驗在地食物「營地街市市政綜合大樓 3F 美食街」（P114）➜ 至巴士「新馬路／大豐」站，搭 7 號巴士約 10 分鐘抵達「社會工作局」站下車 ➜ 瘋堂斜巷（P192）➜ 至巴士「塔石體育館」站，搭 18 號巴士約 10 分鐘抵達「澳門旅遊塔」站下車 ➜ 澳門旅遊塔（P166）➜ 徒步 5 分鐘 ➜ 西灣夕陽（P168）➜ 徒步 10 分鐘 ➜ 晚餐：湖景葡國菜「亞利咖喱屋」（P170）➜ 徒步 10 分鐘 ➜ 主教山小堂夜景（P164）

奢華澳門

入住澳門銀河銀河飯店，享受房客專屬水上樂園（P221）➔ 徒步至澳門百老匯 ➔ 午餐：地道煲仔菜「李家菜」（P244）➔ 搭乘免費接駁車 ➔ 澳門金沙城中心「體驗夢工廠」（P228）或觀賞新濠天地「水舞間」（P231）或威尼人散步（P225）➔ 搭乘免費接駁車返為澳門銀河 ➔ 晚餐：米其林一星「庭園意大利餐廳」（P242）➔ 搭乘免費接駁車 ➔ 夜逛巴黎人夜景（P237）

澳門八景

早午餐：澳門僅存老茶樓「龍華茶樓」（P200）➔ 徒步 1 分鐘至巴士「提督馬路／雅廉訪」站，搭乘 4、9、9A 號巴士約 5 分鐘抵達「得勝花園」站下車 ➔ 徒步 1 分鐘抵達盧園探勝「盧廉若公園」（P196）➔ 徒步 5 分鐘抵達二龍喉公園，搭乘松山纜車上山 ➔ 燈塔松濤「東望洋燈塔」（P190）➔ 搭乘纜車下山至巴士「二龍喉公園」站，搭乘 22 號巴士約 30 分鐘抵達「氹仔中葡小學」站下車 ➔ 徒步 1 分鐘，品嚐點心：澳門最強豬扒包「大利來記」（P215）➔ 徒步 5 分鐘 ➔ 龍環葡韻「龍環葡韻住宅式博物館」（P206）➔ 至巴士「氹仔官也街」站，搭乘 11 號巴士約 30 分鐘抵達「媽閣廟站」站下車 ➔ 媽閣紫煙「媽閣廟」（P147）➔ 至巴士「媽閣廟站」站，搭 28B 號巴士約 10 分鐘抵達「南灣大馬路／時代」站下車 ➔ 徒步約 5 分鐘抵達議事亭前地（P98），晚餐享用竹昇麵老店「黃枝記」（P111）➔ 夜遊議事亭前地與三巴聖跡「大三巴牌坊」（P118）

MEMO

06

議事亭前地
區域

簡介

　　澳門用語中的「前地」指的就是「廣場」。在議事亭前地與其四周，共有 8 項「澳門歷史城區」的世界遺產，除了議事亭前地（P98）本身外，還有盧家大屋（P110）、三街會館（P100）、仁慈堂大樓（P102）、板樟堂前地（P106）、玫瑰堂（P104）、主教座堂（P107）、大堂前地（P107），共 5 棟建築 3 塊廣場。整個區域都有明顯的路牌指示，所以雖然小巷錯綜複雜，但也不會有迷路的感覺。

　　廣場上是風情萬種、浪漫優雅的歐式風格，轉入小巷變成是熙熙攘攘、熱鬧非凡的粵式風格，世界上少有可以這麼快速轉換眼前樣貌的城市，再加上擁有高密度的世界遺產，不論是來趟文化之旅或者體驗市井生活，議事亭前地區域絕對是來澳門的首選景點。

筆者交通提示：

這個區域的景點，筆者建議以議事亭前地為出發點徒步漫遊。 筆者將以景點間的相對位置來取代密密麻麻的公車路線，如此一來就不怕被複雜的公車路線搞混囉！而且這個區域的景點，徒步真的會比搭乘公車來得方便且省時！

筆者住宿提示：

這個區域所推薦的飯店，是位於新馬路的澳萊大三元酒店（P68）和最佳西方新新酒店（P73）。從這兩個飯店可以徒步前往議事亭前地的所有景點，相當便利。

營地街市市政綜合大樓，是一棟4層樓高的綜合市場，位於3樓的熟食中心可品嚐到平價又道地的澳門口味！

玫瑰堂前的板樟堂前地，充滿各式商店，是逛街的好去處。

世界遺產玫瑰堂，鮮豔的鵝黃色美麗外觀，是許多遊客必到的合影之處。

賣草地街上的大聲公涼茶，以傳統茶飲著名，過了大聲公涼茶，一路上坡，即抵達大三巴牌坊。

澳門巷弄錯雜，但每個交叉路口皆有景點指示牌，倒也不容易迷路。

大堂巷上的恆友咖哩魚旦，是著名的排隊美食。

大堂巷是在Google Maps上都看不太到的小巷子，但許多美食隱身於中，世界遺產盧家大屋，亦在此巷。沿著此巷即可抵達大堂。

大堂巷上低調的盧家大屋，就是當年澳門富豪盧華紹家族的舊居。

沿大堂巷走到底，看到湧泉和壁畫，左邊小坡上去，就是大堂。

仁慈堂博物館的入口要從旁邊進入。

三街會館旁是市政綜合大樓的後門。

竹昇麵名店－黃枝記，在議事亭前地亦有分店。不須勞碌奔波即可享受美食。

夾在兩棟高聳建築中間的矮小平房，即是三街會館。

議事亭前地噴水池左側，即可前往三街會館。

民政總署面對的廣場，即是澳門最著名的議事亭前地。

議事亭前地上的噴水池，代表著這個區域的起點。

噴水池右側的郵政總局，古色古香，有販售紀念郵票。

噴水池右手邊的淨白建築，即是世界遺產仁慈堂大樓。

大堂（主教座堂）在陽光普照之下是座莊肅的雄偉教堂。夜晚來臨，華燈初上時卻又多了浪漫的氛圍。不同時間觀看皆有不同感受。

大三巴牌坊

賣草地街

大街

板樟堂街

板樟堂前地

大堂巷

板樟堂巷

大堂街

Here

議事亭前地

亞美打利庇盧大馬路

從民政總署大禮堂俯瞰狹長三角形的議事亭前地。

https://pse.is/B8KJ4

議事亭前地

　　有著黑白相間、波浪造型馬賽克地磚的議事亭前地區域，以其獨特且辨識度極高的景觀，成為讓人一眼就能認出的澳門專屬城市特色。

　　議事亭前地可以視為澳門歷史城區的中心點，多數行程會由此處作為參訪澳門本島的起始站。這裡北連板樟堂前地，南臨新馬路，呈狹長的三角形，以

- 🏛 世界遺產
- 📍 澳門議事亭前地
- 🚌 1.巴士 2、3、3X、3A、5、6A、7、N1B、10、10A、18、N3 號至「新馬路 / 大豐」站下車，徒步 2 分鐘。
  2.巴士 3、3X、4、6A、8A、18A、19、26A、33、N1A 號，至「新馬路 / 永亨」站下車，徒步 1 分鐘。
  3.巴士 11、21A、26A、33 號，至「新馬路 / 爐石塘」站下車，徒步 3 分鐘。
- 🕐 24 小時
- 🎫 開放式公眾場所
- ☎ 無

議事亭前地
的夜景和白
天呈現不同
風貌，相當
浪漫。

議事亭前地
的噴水池，
是很實用的
會合點。到
了晚上，噴
水池會打上
華麗燈光。

鵝黃色建築與黑白波浪地磚，
就是議事亭前地的標誌。

此為出發點，任一方位皆有豐富
的世界遺產及美食餐廳。

　　在白天，議事亭前地寬闊的
廣場上，以波浪狀馬賽克地磚搭
配兩旁色彩鮮豔的葡式建築，呈
現繽紛浪漫南歐風情；而太陽西
下後，夜景依然光彩耀眼。店家
利用透光設計的窗戶，將建築披
上了新外衣。小巷中也點起盞盞
昏黃路燈，增添浪漫氣氛。不論
白天或夜晚，議事亭前地的風貌
都是澳門最具代表性的畫面之一。

三街會館

https://pse.is/BN8GQ

- 世界遺產
- 澳門公局新市南街
- 議事亭前地噴水池西側小巷，
  徒步約 3 分鐘。
- 09:00 ～ 18:00
- 開放式公眾場所
- 無

在議事亭前地轉一圈，就會明白為什麼澳門會以「融合東西方文化交流」為入選世界遺產的主要原因。從議事亭前地噴水池一眼望去，滿滿南歐風情，但轉進一旁小巷，景象馬上轉變成東方傳統市井，實在是一個相當微妙的結合。

離議事亭前地短短不過幾十公尺，在紅綠兩棟高聳建築中的小小矮房，就是三街會館。三街會館的「三街」是指澳門的三條街道：營地大街、關前街和草堆街。這三條街為澳門古老的商業中心，華人商賈全部集中

三街會館的入口，雖然現在已經成為單純的廟宇，但是三街會館的名稱依然高掛。

左／被現代化高聳建築圍繞的三街會館。
右上／三街會館屋簷下斑駁的牆飾，可見其歷史之悠久。
右下／三街會館四周的傳統市集，是個有趣又可以挖寶的地方。

在此經營貿易，為聯絡感情、溝通商情，就由這三條街道的商
行組成「會館」。商家們就在此會館進行意見交流和貿易討論，
成為一個集會中心，同時也成為滿清政府與澳葡政府政令宣導
與發布公告的訊息中心。

　　會館開設之初，即祀奉以信義著稱的武財神關帝像，標榜
在關帝像前議事討論，須心存信義為商人立足之本，商賈貿易
取財有道，不可投機取巧、貪得無厭。隨著時代變遷，三街會
館的議事功能逐漸被取代轉移，廟宇的祭祀活動慢慢成為三街
會館的主要用途，三街會館的名稱也慢慢被「關帝廟」取代。

　　小小的三街會館，10 分鐘就可以參觀完畢，但環繞在關帝
廟四周的傳統市集相當吸引筆者，每次到當地的傳統市集都會
感受到滿滿的生命力，因此相當推薦到市集裡逛逛看看，相信
可以看到許多新奇有趣的畫面。

仁慈堂大樓

https://pse.is/BLGFZ

　　位於議事亭前地東側，以花崗石柱與白色牆面為特色，給人一種安靜高雅感覺的建築，就是仁慈堂大樓。仁慈堂創建於 16 世紀，負責醫療、幼保、老人照顧等慈善救濟工作，因而取名為「仁慈堂」。現今以新古典主義風格呈現於世人眼前的仁慈堂大樓，則是經過多次擴增修建之後，於 1905 年保留至今。

　　仁慈堂大樓的 1 樓是澳門政府單位的辦公室，2 樓則為仁慈堂博物館，館藏 2 千多件與天主教、耶穌會以及仁慈堂相關的書籍文獻、祭祀物品，以及各類中西方藝術品。

　　仁慈堂大樓的純白色外觀，在陽光底下展現典雅樸質風貌；到了夜晚，搭配柔和燈光，則是另一種浪漫風情。尤其是仁慈堂大樓右側的小巷，更是許多遊客佇足合影的地點。

- 🏛 世界遺產
- 📍 澳門仁慈堂右巷 7 號
- 🚶 議事亭前地內，位於噴水池東側徒步約 1 分鐘。
- 🕙 10:00 ～ 13:00、14:30 ～ 17:30，週一及公眾假期休館。
- 🎫 仁慈堂博物館——澳門幣 5 元，學生及 65 歲以上長者免費
- 🌐 http://www.scmm.mo/

仁慈堂博物館的入口位於仁慈堂的側面小巷內。

純白外觀的仁慈堂大樓。

左／玫瑰堂內部維持鵝黃色調，給人溫暖安靜的感覺。

右／玫瑰堂古老的大鐘依然擺放在聖物寶庫的頂樓。

玫瑰堂

https://pse.is/BSUBT

聖物寶庫內珍貴的收藏，最古老的收藏高達 300 年歷史。

　　位於板樟堂前地，供奉玫瑰聖母的玫瑰堂，其明亮的鵝黃色外牆搭配大型百葉窗，是典型的巴洛克式南歐建築。玫瑰堂創建於 16 世紀，初創之時僅以樟木板搭建，因此有另一名稱為「板樟廟」。直至 17 世紀才逐漸修建為磚石建築，現今的規模則是 19 世紀重建之後保留至今。

　　玫瑰堂除了本身的教堂建築外，聖堂旁的鐘樓現在已改建為聖物寶庫，展示 300 多件澳門天主教的珍貴文物。每年的 5 月 13 日，玫瑰堂會舉辦聖母聖像遊行，是澳門當地天主教的重要活動之一，玫瑰堂所在的板樟堂前地屆時將熱鬧非凡。

🏛 世界遺產

📍 板樟堂前地

🚶 板樟堂前地北側，離議事亭前地噴水池徒步約 5 分鐘。

🕙 10:00 ～ 18:00

🎫 開放式公眾場所

🚾 無

板樟堂前地

位於議事亭前地北側的板樟堂前地，是澳門最古老的社區之一。這片廣場的起源與玫瑰堂息息相關。玫瑰堂創建之時，因為經費有限，所以僅是由幾片樟木搭建而成，因此玫瑰堂又被稱為「板樟廟」。位於板樟廟前面的這塊廣場，也就是板樟堂前地。板樟堂前地原為葡人社區，直至近代才允許華人居住，因此板樟堂前地四周匯集了中西新舊建築。

現今的板樟堂前地變成擁有歷史又結合現代化設施的熱鬧商店街，充滿了各品牌旗艦店。由於澳門的服飾產業十分發達，加上稅務政策的影響，澳門的品牌服飾價格約是台灣的 8 ～ 9 折，遇到換季出清更可享低價優惠，因此這裡總是充滿逛街人潮。

板樟堂前地南接議事亭前地，北鄰大三巴牌坊，將三者完美的串起文化與商業的結合。

https://pse.is/BMPXQ

特 特色廣場
地 澳門板樟堂前地
交 議事亭前地北側，離議事亭前地噴水池徒步約 5 分鐘。
時 24 小時
門 開放式公眾場所
票 無

左／位於玫瑰堂前的小廣場就是板樟堂前地。
右上／原有的古典建築外掛上了現代的知名服飾品牌。右下／廣場四周皆是知名服飾店家。

大堂
（主教座堂）

https://pse.is/BSZ9G

上／　白天的大堂相當的莊嚴肅穆。
下左／大堂前的噴水池，是休憩的好地
　　　點。
中／　入夜之後四周都會打上溫和黃
　　　光，夜晚十分浪漫的大堂，是個
　　　相當有氣氛的地點。
下右／廣場四周也都會打上黃燈，是個
　　　歇腳的好去處，不少遊客也會將
　　　在板樟堂巷買的特色小食帶來此
　　　處好好享用。

　　與玫瑰堂人潮熙熙攘攘相比，距離不到 100 公尺的大堂顯得幽靜肅穆許多。因為這番寧靜，大堂前的小小廣場在華燈初上時更顯得浪漫優雅，是個推薦情侶來此散步休憩、促進感情的好景點！

　　供奉聖母瑪利亞的大堂始建於 17 世紀，今日所見是以典型的古典式構圖，壯麗堂皇的外觀則是於 20 世紀初期修建而成。大堂與眾不同的一點在於大堂祭壇下面掩埋著 16 和 17 世紀的主教和聖徒遺骨，這讓大堂的地位更為崇高。尤其以往歷屆澳門總督上任時均會蒞臨大堂，把權杖放置聖母聖像旁，以象徵權力的神聖。各種在大堂舉行的儀式，皆讓大堂更顯得非凡。

- 世界遺產
- 大堂前地 1 號
- 1. 巴士 2、5、6A、16、28B 號至「南灣大馬路 / 時代」站下車，徒步約 2 分鐘。
   2. 從議事亭前地噴水池出發，經由板樟堂巷抵達，徒步約 4 分鐘。
- 07:30 ～ 18:30
- 開放式公眾場所
- https://www.catholic.org.mo

建築風格相當多樣化，傳統中式風格又帶有些歐式風格。

上／已經非常少見的傳統店家。
下／以中藥乾貨為主要店家。

女性讀者福利時間！帥氣挺拔的警察會在路口維持秩序。

營地大街

https://pse.is/BSMUD

　　與議事亭前地呈平行方向的營地大街，有點類似台北迪化街和高雄三鳳中街，專售各類乾貨中藥和古貨臘味。只需經由小巷或新馬路，不需 5 分鐘，即可由充滿南歐風情的議事亭前地，馬上抵達充滿中式傳統商店的營地大街。就是這樣的微妙組合，一再吸引筆者想要介紹澳門給大家認識。

　　營地大街又簡稱「大街」，澳門半島發展的歷史，就是從這裡為中心擴展。明清時期為了防禦海盜與監控葡萄牙人，於是在這個區域駐紮軍隊，立寨為營。營地大街的營地二字，便是由此典故而來。

　　古代與現代一樣，人潮就代表錢潮。軍隊駐紮之後，湧入大量的軍民，於是促進了商業的發展，此地逐漸繁華起來，後來為了規範管理，開始有計畫地建造街市，更成立三街會館以利統理商業事務。

　　原本營地大街內還有一個筆者非常推薦的「澳門藝術公園」。澳門藝術公園內的塗鴉創作隨興而自由，且充斥著滿滿的生命力，創作者們在這裡盡情揮灑創意，沒有任何規則會拘限創作者的靈感。但可惜筆者在 2016 年底前往時，澳門藝術公園已經改建為收費停車場。著實讓筆者感嘆經濟的現實考量不但抹煞了一個創作天堂，也讓當地居民少了一個休憩場所。

- 市井生活
- 澳門營地大街
- 1. 巴士 2、3、3X、3A、5、6A、10、10A、18、N3 號至「新馬路/大豐」站下車，徒步 2 分鐘。
  2. 巴士 3、3X、4、6A、8A、18A、19、26A、33、N1A 號，至「新馬路/永亨」站下車，徒步 1 分鐘。
  3. 巴士 11、21A、26A、33、N1B 號，至「新馬路/爐石塘」站下車，徒步 3 分鐘。
  4. 巴士 18 號，至「營地大街」站下車。
  5. 從議事亭前地噴水池出發，沿新馬路抵達，徒步約 2 分鐘。
- 依各店規定
- 開放式公眾場所
- 無

盧家大屋

https://pse.is/BTVHW

在 19 世紀末期落成的盧家大屋，就位在玫瑰堂與大堂中間。這三個建築彼此間的相對位置，也顯示了澳門世界遺產的中西文化交流特色。

盧家大屋又稱為「金玉堂」，是澳門當時富商盧華紹故居。建築架構是典型中式大宅，處處可見依照風水原理而進行的設計規劃，但在窗戶與裝飾細節，卻是充滿西方建築風格。屋內既可見粵式風格的磚雕、灰塑、橫披、掛落、蠔殼窗，又有西式的假天花、滿州窗、鑄鐵欄杆。尤其是正立面上方左右兩扇的葡式百葉窗最有特色，上面加了半圓形彩色玻璃窗的百葉窗是標準西式風格窗戶，但玻璃窗上也可見粵式風格的灰塑裝飾。這樣的建築樣貌，反映了澳門特有的中西建築風格合璧的民居特點。

風光一時的盧家大屋，也曾歷經沒落時光。盧家沒落後，屋權四處轉移，陷入混亂狀況，曾經有大批難民湧入居住，最高峰時期曾有二十多戶住客棲身於內。且長年失修，很多部分也未妥善保護，導致許多部分已經被拆除破壞。直到西元 2002 年，澳門當局才開始進行修復工作，努力回復原始樣貌。

上／　盧家大屋的外觀非常低調，沒有任何的招牌或指示，很容易路過而不知。

下左／依照中國的風水概念，在主入口有阻擋煞氣的屏風。

下右／牆高有守財之意，而天井除了有透氣採光的功用外，在風水上也有讓雨水流入、聚水為財的含意。窗戶則鑲上當時最能代表身分地位的彩色玻璃。

🏛 世界遺產

📍 大堂巷 7 號

🚶 1. 離玫瑰堂徒步約 2 分鐘。
　　2. 離大堂徒步約 2 分鐘。

🕐 10:00 ～ 18:00，17:30 之後停止入場。每逢週一休館，澳門公眾假期照常開放。

🎫 開放式公眾場所

💰 無

保留古法比例，利用整尾鮮蝦做成的雲吞！

來到澳門有一道傳統美食必須品嚐，就是竹昇麵。竹昇麵的製作過程，師傅必須坐在大竹竿上，用身體重量均勻搓壓麵團，再切成麵條狀。由於力道與時間的掌控，都需要相當的經驗，因此製作出來的麵條格外彈牙爽脆。黃枝記便是澳門少數保留此傳統製麵技術的餐廳之一。

黃枝記就位於議事亭前地的噴水池西側。只要背向民政總署，往廣場左手邊看，就會發現黃枝記氣派的大門和招牌。

黃枝記的菜單選擇非常多樣化，粥麵皆有。菜單上大大的寫著「無酒安能邀月飲，有錢最好食雲吞」，雲吞即是台灣所稱的餛飩。因此筆者特別推薦的就是招牌「鮮蝦雲吞麵」。

手工道地的竹昇麵，麵條口感屬於較硬較脆，吃起來十分清爽。渾圓飽滿的鮮蝦雲吞，則是一顆雲吞一尾蝦，採取三分瘦肉七分蝦的古法比例製作而成。整體搭配上，口感有淡淡焦味，蝦子相當 Q 彈，整碗麵鮮蝦甜味濃郁！

另外推薦的是「星洲炒米粉」。這道咖哩香味撲鼻的炒米粉，口味雖辣但不過於刺激，不會辣到失去食物的味道，即使吃到冒汗，卻還是不停的吃下去！米粉口感跟台灣差不多，佐料有蝦、肉絲、青椒、蛋。整體水準不錯，推薦喜歡重口味的人。

黃枝記的粥品據説也是一絕。廣東粥的特色就是將米粒煲得細細綿綿，不見顆粒。加上高湯襯底，搭配各式新鮮材料，也是推薦一嚐。

上／招牌選擇──鮮蝦雲吞麵。
下／議事亭前地分店的氣派大門。

https://pse.is/BSCAE

🍴 特色美食
📍 議事亭前地 17 號
🚶 議事亭前地噴水池西側，徒步約 1 分鐘。
🕐 08:30 ～ 01:30，全年無休
💰 30 ～ 100 MOP
🌐 http://www.wongchikei.com.hk/

🍴 美食推薦：**大聲公涼茶**

　　位於議事亭前地與大三巴牌坊中間的大聲公涼茶，是澳門涼茶代表店家之一。筆者第一次喝涼茶時，也被字面所困惑，不是涼茶嗎？怎麼喝起來是常溫？老闆也沒問我要冰還是溫的？原來涼茶的「涼」字，是指熬煮的藥性寒涼，喝了可以消暑解熱，而不是本身為冰涼飲品。

　　涼茶中又以廣東涼茶具有代表性，因為廣東天氣炎熱、多雨潮濕，易受瘴氣所害，因此民間利用各種藥性涼寒的植物，彼此搭配煎水飲用，消除體內暑氣引起的身體不適，所以這類具有清熱去濕功效的中藥飲品皆通稱涼茶。

　　有著「涼」字的涼茶，以為喝起來應該會有薄荷清涼的感覺，但其實有點像蓮藕茶。在當下悶熱的天氣，喝這麼一瓶常溫飲料，實在不過癮。但說也神奇，竟然整個下午就靠這麼一瓶 600cc 的涼茶止渴，身體也不再覺得燥熱！

　　不過大聲公涼茶的中藥味還滿強烈，如果害怕中藥味，店家也有單杯販售，可以嘗試看看。

https://pse.is/BTZ9L

　特　特色美食
　地　澳門賣草地街 1 號地下
　交　1. 議事亭前地噴水池北側，徒步約
　　　　 4 分鐘。
　　　 2. 玫瑰堂北側，徒步約 2 分鐘。
　時　09:00 ～ 21:30
　售　10 ～ 25 MOP
　網　無

左／小小店面的大聲公涼茶。
右／樸實的寶特瓶容器，有如台灣古早味飲料。

112

🍽 美食推薦：恆友咖哩魚旦

咖哩魚旦是澳門特色小吃，類似台灣的滷味，差別在於是用咖哩湯汁取代滷汁。位於盧家大屋斜對面，總是大排長龍的恆友咖哩魚旦，更是知名店家。

魚旦就是台灣的魚丸，除了魚旦外，還有牛雜、青菜、各類丸子等等一串串擺在攤位上。購買方法也跟台灣滷味攤相同，可以自行選擇各類食材。店家也有將熱門餐點寫在牆上，可以直接選擇店家搭配好的餐點。食材選擇完畢，老闆會將食材放入咖哩高湯中燙熱，再淋上秘製咖哩膏。

口味上咖哩醬汁相當濃郁，是屬於重口味的一道小吃，雖然偏辣偏鹹，但相當具有當地特色，台灣少見，推薦一嚐。

上／恆友咖哩魚旦的招牌魚旦。
下／雖是小小店面但到晚上就大排長龍。

https://pse.is/BS3MP

🈺 特色美食
📍 澳門大堂巷 12C 號地下
🚶 1. 盧家大屋斜對面。
　 2. 議事亭前地噴水池東北側，徒步約 3 分鐘。
　 3. 玫瑰堂東南側，徒步約 1 分鐘。
🕐 11:00 ～ 00:00
💰 10 ～ 30 MOP
🈲 無

才剛開門準備營業的恆友咖哩魚旦。

🍽 美食推薦：營地街市市政綜合大樓熟食中心

左／ 營地街市市政綜合大樓正門，就位於玫瑰堂側邊。
右上／ 3 樓以下皆是傳統市場。
右下／座位就面向攤位，在兩側也有更寬廣的座位。

營地街市市政綜合大樓就位於玫瑰堂和三街會館中間，玫瑰堂側邊是市政綜合大樓的正門，從三街會館方向則可以從後門進入。營地街市市政綜合大樓的地下樓至 2 樓都是傳統市場，3 樓就是要特別介紹的熟食中心。

熟食中心就如同台灣的美食街，一家一家的攤位，任憑顧客挑選。點餐之後，也是自行找尋座位坐下，店家會將餐點送上。

這裡用餐環境比不上餐廳飯店，但是料理物美價廉，且可以體會澳門當地的口味，因此這裡的店家也累積了不少人氣，包括「勝記咖啡」、「梓記牛什」、「平記美食」、「池記麵家」等等，皆曾接受過報章媒體的專訪報導。來這裡就可以將澳門經典餐點一網打盡囉！

https://pse.is/BK8QX

🏷 特色美食
📍 澳門營地街市市政綜合大樓 3 樓
🚌 1. 三街會館斜對面。
　　2. 玫瑰堂側邊。
　　3. 議事亭前地噴水池西側小巷，
　　　 徒步約 3 分鐘。
🕐 07:30 ～ 18:00
💲 20 ～ 50 MOP
🚫 無

*停業通知——九如坊

網路上頗負盛名、不少媒體文章大力推薦，位於板樟堂巷內的知名葡國菜餐廳——九如坊，已經於 2014 年底宣布正式停業了。筆者深深覺得九如坊的焗鴨飯以及木糠布甸實在是一絕，只可惜再也吃不到。在此特別註明，以免大家撲空囉！

07 大三巴牌坊區域

高聳壯麗的大三巴牌坊。

簡介

　　大三巴牌坊區域位於議事亭前地區域的北側，由議事亭前地出發，一路經過玫瑰堂與板樟堂前地，依著四處可見的路牌指標，即可輕鬆漫步抵達。兩大區域相連在一起，沿途景觀新奇、人潮熱鬧，因此許多旅遊規劃都會將兩大區域排在一起。

　　大三巴牌坊區域最醒目的地標自然是大三巴牌坊這座絕對能代表澳門的世界遺產，但除了大三巴牌坊外，東西兩側不到 100 公尺，還有哪吒廟（P120）、舊城牆遺址（P120）、大炮台（P122）等世界遺產。

　　連接這些世界遺產的街道也相當具有特色，例如與名稱一樣浪漫的粉紅街道「戀愛巷」（P127）；充滿紀念品與古董雜貨、超適合挖寶的「大三巴街」（P126）；大三巴街北側盡頭將連接「花王堂街」，沿著花王堂街，則可抵達另一個世界遺產「聖安多尼教堂」（P124），街街相連皆有看頭。

隨時都可以看到景點指示，不用擔心會迷路。

聖安多尼教堂旁的白鴿巢前地，有不少巴士路線，但可惜無法從這邊搭往其他熱門景點。

聖安多尼教堂對面，白鴿巢前地旁邊，也是另一個世界遺產－東方基金會會址。

哪吒廟即在大三巴牌坊側邊。廟旁亦是世界遺產的舊城牆遺址。

花王堂街盡頭，花王堂前地即是聖安多尼堂所在。

花王堂街

從哪吒廟往聖方濟各斜巷往下走，右轉花王堂街，即可抵達世界遺產聖安多尼堂。

大三巴牌坊

Here

花王堂街

聖方濟各斜巷

戀愛巷

大三巴右街

大三巴斜街

大三巴街

澳門必訪景點－大三巴牌坊。

小小的戀愛巷，是近年熱門景點。

大三巴巷

大三巴牌坊右側，即是大炮台入口。

大三巴牌坊樓梯前左側，有條小路，沿路上坡就可以抵達哪吒廟。

大三巴街

耶穌會紀念地

大炮台入口，有座利瑪竇銅像。利瑪竇曾經在澳門居住一陣子學習中文。

人潮擁擠，兩側滿滿手信店的大三巴街，是從議事亭前地前往大三巴牌坊的必經之路。

從議事亭前地前往大三巴牌坊，皆會看到清楚的景點指標，不用擔心在巷弄中迷路。

大三巴街盡頭，中葡友誼紀念銅像矗立在耶穌會紀念廣場上，背後即是大三巴牌坊。

牌坊上的石雕皆有其故事含意。

https://pse.is/BL34M

大三巴牌坊與耶穌會紀念廣場

- 世界遺產
- 耶穌會紀念廣場
- 由議事亭前地噴水池，往北徒步約 10 分鐘。
- 1. 耶穌會紀念廣場 24 小時開放。
- 2. 大三巴遺址 09:00 ～ 18:00，17:30 停止入場。
- 3. 天主教藝術博物館與墓室 週三～週一 09:00 ～ 18:00，17:30 停止入場；週二 09:00 ～ 14:00，13:30 停止入場，下午休館。
- 開放式公眾場所
- http://www.wh.mo/cn/site/detail/18

　　大三巴牌坊正式名稱為「聖保祿教堂遺址」，「三巴」二字是葡萄牙文聖保祿的音譯，而「大」是指最大的教堂。「牌坊」二字是因為原本的聖保祿教堂因火災燒毀後，僅留下正門牆壁與前端的台階，造型與中國的牌坊相近，故俗稱為「大三巴牌坊」。

大三巴牌坊的背面
皆用鐵架樓梯進行
保護。

耶穌會紀念廣場上的中葡友好紀念
物。意涵是由中國女子將蓮花獻給
葡國男子，並被圓圈環繞，象徵回
歸後的澳門，中葡和解與友好。

　　大三巴牌坊高達 25.5 公尺，寬 23 公尺，石壁厚達 2.7
公尺，牆上石雕可分為 5 層結構，自第 3 層起分為 9 格，
每格內皆有精心製作的石雕。雖然教堂已經不復存在，但由
現今保存的遺址，不難想像當年的聖保祿教堂也曾經輝煌一
時。

　　除了牌坊外，原本教堂遺址也規劃改建為天主教藝術博
物館與墓室，展出不少宗教文物。大三巴階梯前的耶穌會紀
念廣場，也一併入選世界遺產。

　　擁有將近 500 年歷史、身為澳門八景之一，且入選世界
遺產的大三巴牌坊，絕對是到澳門一定會來參訪的景點。

哪吒廟與
舊城牆遺址

https://pse.is/BTNR8

澳門人於 17 世紀後期開始信奉哪吒，哪吒廟始建於 1888 年，現今樣貌為 1901 年整修改建後便底定至今。

據說 1888 年，澳門爆發瘟疫，病死者不分人種、宗教皆安葬於此，附近又只有教堂，當地居民考量到宗教信仰的差異，於是特別建廟並請了柿山上的哪吒三太子來驅邪息災。雖然

雖是小巧樸實的廟宇，但卻代表了澳門人的精神支柱。

哪吒廟旁就是舊城牆遺址。

台灣也有供奉哪吒的廟宇，但大多以太子爺廟或太子宮稱呼，較少稱作「哪吒廟」，這大概也是閩粵文化的差異吧！

哪吒廟相對於其他傳統中國式寺廟，少了中庭和天井，可說是一間極為小巧的廟宇，猶如台灣鄉間的土地公廟，風格平實無華。但從哪吒廟往外望，可以一眼看到大三巴牌坊和新葡京酒店，澳門百年來的縮影盡入眼前。小小的哪吒廟，靜靜地座落於此百年，與眼前畫面相映成趣。

哪吒廟旁有一段澳門舊城牆遺址。在葡萄牙人管理澳門期間，進行了城牆的修建，當時的澳門城東、北、南面皆有修築城牆，並在要塞設置炮台，將澳門建設為一座軍事城堡。當年的城牆現今僅保留一小段，雖然已有多處殘破，但仍可看出當時的規模、建造原料和工法。在舊城牆下方還有個哪吒展館，展示一些關於哪吒的事蹟和哪吒廟的古物。

上／從哪吒廟可一眼望穿大三巴牌坊和新葡京酒店，看盡澳門數百年演進。
下／哪吒廟外的匾額寫著「保民是賴」，代表了人民對神祇的感恩。

🏛 世界遺產
📍 大三巴牌坊西側
🚶 從耶穌會紀念廣場西側小巷，上坡約 3 分鐘。
🕐 哪吒廟 08:00 ～ 17:00
🎫 開放式公眾場所
💰 無

左／ 大炮台由下而上可設置 32 門大炮，形成強力的防禦網。
右／ 大炮台的頂端可俯瞰珠江口，若於平台上架設大炮，可輕易襲擊海上入侵者。

大炮台

澳門曾為葡萄牙租地與殖民地，因此葡萄牙為了鞏固自身權益，也在澳門進行了必須的軍事建設，從大炮台的身上就可以回顧澳門防衛史。

位於澳門半島中央置高點的大炮台，昔日是澳門軍事防禦系統的核心，耗費 10 年之久，於 1626 年建築完成，與媽閣炮台和東望洋炮台組成一道堅固的軍事防線，以防範海盜與避免列強覬覦，後來也曾為為城防司令和澳門總督官邸。

大炮台基石為 3.7 公尺寬的花崗石，城牆底寬約 100 公尺、高 9 公尺，向上逐漸縮窄至 2.7 公尺，成一個金字塔狀。登上大炮台頂端，可俯瞰澳門 360 度的景致。因兼具中葡文化特色，於是亦納入世界遺產之一。

https://pse.is/BSXMG

🏅 世界遺產
📍 大三巴牌坊東側
🚶 大三巴牌坊東側，徒步約 1 分鐘。
🕐 炮台及花園 07:00 ～ 19:00
　　澳門博物館 10:00 ～ 18:00，逢星期一休館，澳門公眾假期照常開放。
💰 炮台及花園為開放式公眾場所。澳門博物館成人門票 15 MOP；12 歲或以下兒童、65 歲或以上長者免費（逢週二及每月 15 號對公眾免費開放）。
🌐 http://www.macaumuseum.gov.mo/

上／昔日的軍用設施，現在也已改建為遊客休憩場所。　　下／炮台頂端已修建為美輪美奐的澳門博物館，少了當年的肅殺之氣。

聖安多尼教堂（花王堂）

https://pse.is/BHTYV

有「葡人月老廟」之稱的聖安多尼教堂，位於白鴿巢前地南面，為澳門三大古老教堂之一，與大三巴牌坊同列世界遺產，且離大三巴牌坊只需徒步 5 分鐘即可抵達。

聖安多尼教堂初建於 1558 至 1560 年間，之後經過多次整修改建，1930 年才形成今日的

- 🏛 世界遺產
- 📍 花王堂前地
- 🚌 1. 巴士 8A、18、18A、18B、19、26 號至「白鴿巢前地」站下車，徒步 1 分鐘。
  2. 巴士 17 號至「白鴿巢總站」站下車，徒步 1 分鐘。
  3. 從大三巴牌坊徒步約 5 分鐘。
- 🕐 07：00 ～ 17：30
- 🎫 開放式公眾場所
- 🌐 http://www.wh.mo/cn/site/detail/22

於 1930 年改建完成的教堂外觀，採取形式簡潔的新古典主義風格。

外觀和規模，教堂因奉聖安多尼為主保聖人而得名。聖安多尼是出生於葡萄牙的聖人，最著名的聖蹟是有一位粗心的母親不小心害死了自己的兒子，哭求著請聖安多尼協助時，聖安多尼只請這位母親回家，而當母親回到家時，居然看見自己的小孩活潑地笑著迎接她。當時的人們把這事看作是聖人的特有權能，凡是失去的東西都能依靠祂找回，因此當物品遺失時，天主教徒常呼求其名協助。後來，人們不只希望祂幫助尋找失物，更希望祂幫助尋找伴侶，於是聖安多尼也成為了「婚姻主保」。

也因此，澳門葡人婚禮多在聖安多尼教堂舉行，而舉辦婚禮時，教堂前總是會布滿鮮花裝飾，久而久之，不明典故的漢人居民便稱這座教堂為「花王廟」或「花王堂」，而附近的街道或廣場，也都會冠上「花王」二字，如「花王堂街」、「花王堂前地」等等。

聖安多尼教堂旁的白鴿巢公園，亦有另外兩個世界遺產「東方基金會會址」與「基督教墳場」（P198），看完聖安多尼教堂還可以去這兩個世界遺產和白鴿巢公園走走喔！

上／牆面上三角形區域裝點著聖像，聖安多尼的形象多為抱著耶穌聖嬰，一手拿著書，表示精通聖經；另一手拿著百合花，象徵聖人的貞淨聖德。
下／聖安多尼教堂前的噴水池，這個區域亦稱為「花王堂前地」。

人聲鼎沸、熱鬧非凡的大三巴街。

https://pse.is/BFJUE

大三巴街

　　從議事亭前地一路漫步前往大三巴牌坊，絕對會經過這條人聲鼎沸的「大三巴街」。這條得名於大三巴牌坊的必經之路以傳統手信餅店最多，充斥著各種紀念品店家。

　　大三巴街以賣草地街（也就是大聲公涼茶所在地）為起點，向北延伸至花王堂街為止，並以耶穌會紀念廣場分成南北兩段。北段連接花王堂街，可徒步至聖安多尼教堂或由小路上坡走到戀愛巷與哪吒廟；南段則可連接至板樟堂前地，沿路皆是各類熱鬧商家，人潮相對多於北段。

　　澳門所有知名手信店皆有在此開設分店，且提供免費試吃，歡迎旅客品嚐口味後帶份禮物作為紀念。

上／連餐廳都需要派人手持看板來招攬
　　遊客。
中／除了熱鬧的大三巴街南段外，北段
　　的小巷弄內也都藏有小樂趣。
下／大三巴街路上最重要的景點當然就
　　是大三巴牌坊。

🛍 購物市集
📍 大三巴牌坊前
🚶 由議事亭前地噴水池，往北徒步約
　　10分鐘。
🕐 24小時
🎫 開放式公眾場所
💰 無

https://pse.is/BSB45

🏷 特色景點
📍 大三巴街和大三巴右街之間
🔀 與哪吒廟相連接；耶穌會紀念廣場西側徒步約 3 分鐘。
🕐 24 小時
🎫 開放式公眾場所
💰 無

有趣又特別的巷弄名稱。

戀愛巷

　　澳門有許多非常有趣的巷弄名稱，「戀愛巷」便是澳門最有特色的小巷之一。戀愛巷鄰近大三巴牌坊，從耶穌會記念廣場西側沿著大三巴街向上走，第一個巷弄就是戀愛巷。

　　戀愛巷雖然僅有短短 50 公尺，但景如其名，兩旁盡是浪漫無比的粉紅與鵝黃外牆，碎石路搭配上粉色葡式建築，營造出繽紛浪漫的歐陸風情。不少影視作品皆曾前來取景，近期更是旅人們拍照的熱門景點。尤其戀愛巷是條上坡小巷，只要攝影者由下往上拍，就能輕鬆拍出長腿美照！到了大三巴牌坊，別忘了也來戀愛巷拍張媲美名模的照片喔！

整片粉紅色牆面，盡頭可以看到大三巴牌坊側邊，走上去左轉即可到哪吒廟。

走在桃紅色外牆的戀愛巷，身邊猶如冒出戀愛時的粉紅泡泡。

08

新馬路
與福隆新街

左／ 民政總署斜對面
的郵政總局，是
新馬路上最顯眼
的華麗歐式建
築。

右上／ 入夜後的新馬
路，也有專屬的
獨特風味。

右下／ 紅色大門是福隆
新街的特色，
福隆新街已列入
《澳門文物名
錄》，是受澳門
法律所保護的區
域。

簡介

　　與議事亭前地垂直的新馬路，正式名稱為「亞美打利庇盧大馬路」，是澳門重要的商業中樞及旅遊景點。新馬路兩側建築各有風貌，有歐式建築也有中國傳統特色建築，處處可見昔日澳門的生活痕跡。民政總署以西為中式樓房，保留了 1920 年代的建築風格，民政總署以東則是歐洲色彩洋樓為多，包括民政總署本身與郵政總局。

　　現今的新馬路依然熱鬧非凡，從高級的黃金、珠寶首飾、瓷器、工藝品和紀念品到日常生活所需的中藥鋪、首飾店、銀行和時裝店，店鋪密集。而且新馬路上有多間兌換外幣的銀號，匯率都比機場港口還要好！

　　從新馬路的小巷轉入，即可抵達充滿懷舊復古的福隆新街。福隆新街從古時的青樓花街搖身變成美食聚集地，街上一戶戶紅色大門，裡頭是老字號的酒家食肆，充滿了許多經典美食！

港澳熬粥的工夫一絕，三元粥品亦頗有名氣。

福隆新街的澳萊大三元酒店，地點方便，且房價易於接受。

「新馬路／爐石塘」巴士站，可前往下列地點：

巴士站	新馬路/爐石塘		
11	21A	26A	33

- 亞馬喇前地：11、21A、26A、33、N1B號巴士，搭乘至「亞馬喇前地」站下車。
- 官也街：11、33號巴士，至「氹仔官也街」站下車。
- 路環：21A、26A號巴士，「路環居民大會堂」站下車。
- 金沙城中心：21A、26A號巴士至「連貫公路／金沙城中心」站下車。
- 新濠天地（水舞間）：21A、26A號巴士，至「連貫公路／新濠天地」站下車。
- 澳門機場：至「亞馬喇前地」站，轉乘MT1號巴士直達澳門機場。

「金碧文娛中心」站，可前往媽閣廟。搭乘2、5、10、10A、11、21A、N3號巴士，至「媽閣廟站」下車。

巴士站	金碧文娛中心		
2	3A	5	7
10	10A	11	21A
N3			

福隆新街的祥記麵家，是筆者相當推崇的美味小店。

福隆新街保留澳門傳統建築與美食，這樣的街景在澳門已經少見。

澳門著名的甜品老店-義順鮮奶，大大的乳牛招牌相當顯眼。

巴士站	新馬路/大豐		
2	3	3A	3X
5	6A	7	10
10A	18	N1B	N3

「新馬路／大豐」巴士站，可前往：

- 新葡京酒店：3、3A、10、10A號巴士，搭乘至「葡京酒店」站下車。
- 盧廉若公園：2、5號巴士，至「盧廉若公園」站下車。
- 東望洋燈塔：6A號巴士，至「得勝斜巷」站下車。
- 港澳碼頭：3、3A號巴士，至「外港碼頭」站下車。
- 路環：N3號巴士至「路環市區」站下車。
- 澳門機場：至港澳碼頭，轉乘AP1號巴士到澳門機場。

典當業展示館，揭開古代當鋪的神祕面紗。

人氣名店-成記粥品從早上七點開始營業，賣完為止。

成記粥品位於新馬路長泰大按旁三角形廣場防火巷內。

新馬路全名為「亞美打利庇盧大馬路」，是澳門商業、交通和旅遊中心。

巴士站	新馬路/永亨		
3	3X	4	6A
8A	18A	19	26A
33	N1A		

「新馬路／永亨」站是外地抵達新馬路的主要站牌。

新馬路的世界遺產-民政總署。對面即是議事亭前地。

民政總署的2樓陽台，是俯瞰議事亭前地的絕佳地點。

典當業展示館
金庸圖書館位於典當業展示館2樓，金迷必來朝聖。

上／民政總署外觀。下／大禮堂往下俯瞰議事亭前地的景象。

https://pse.is/BH8S9

民政總署大樓

　　位於議事亭前地正前方的民政總署大樓，是新馬路上最重要的歷史遺產。建立於 18 世紀末，前身為市政廳的民政總署大樓，在 400 多年的歷史變遷中，一直是澳門的政治核心機關，直至今日，功能已經轉向為服務市民為主，並對外開放參觀。

　　民政總署大樓內充滿濃厚的南歐建築風格，尤其是內部富有葡萄牙色彩的花園。花園兩側的牆身以葡萄牙青瓷磚裝飾，繪製了各種航海圖以及舊時澳門景象，十分有趣。在澳門機場出境大廳亦可見到類似的牆面裝飾。

　　花園的規模雖然不大，但許多細節都有其含義，例如花園噴泉頂部雕刻著葡萄牙盾徽；花園內兩尊半身的石雕塑像，一尊是葡萄牙偉大詩人賈梅士（Luís Camões），另一尊是教育家若奧 · 迪奧士（João de Deus）；園內的環形球體，則象徵葡萄牙的地理大發現。

　　民政總署大樓除了花園外，還有一個參觀重點就是位於 2 樓的圖書館。此圖書館是澳門最古老的圖書館，館內古色古香，場景有如魔法世界。館內特別收藏 17 世紀至 1950 年代葡萄牙在非洲及遠東的古籍，這些古書平常相當少見。而圖書館旁的大禮堂，則是俯瞰議事亭前地的絕佳景點！

上／滿滿南歐風情的花園，花園中的半身像為葡萄牙詩人與教育家。
下／2 樓華麗的大禮堂，對外的落地窗是俯瞰議事亭前地的好景點。

🏛 世界遺產
📍 澳門新馬路 163 號
🚌 1. 巴士 3、3X、4、6A、8A、18A、19、26A、33、N1A 號，至「新馬路 / 永亨」站下車，徒步 1 分鐘。
　　2. 巴士 2、3、3X、3A、5、6A、10、10A、18、N3 號至「新馬路 / 大豐」站下車，徒步約 2 分鐘。
　　3. 巴士 11、21A、26A、33、N1B 號，至「新馬路 / 爐石塘」站下車，徒步 2 分鐘。
　　4. 議事亭前地噴水池正對面，徒步約 1 分鐘。
🕐 民政總署大樓 09:00 ～ 21:00，全年無休。民政總署大樓圖書館 週一至週六 13:00 ～ 19:00、週日與公眾假期休館。
🎫 開放式公眾場所
🌐 http://www.iacm.gov.mo/

德成按
典當業
展示館

https://pse.is/BSJFZ

　　新馬路以民政總署為分界,西側保留了許多中式傳統建築,其中有棟非常氣派的大樓,牆面上大大地寫著「德成按」三字,這就是澳門典當業展示館,也是老建築重新活化的成功範例!

　　「德成按」是一座1917年落成的大型當鋪,整座建築都是以防火、防水、防盜和防土匪為目的而設計。「德成」為店名,「按」則為經營模式。過去典當業依照規模和經營方法,分為「當」、「按」、「押」

上／新馬路上掛滿紅燈籠的德成按。
下／側面可見大大的當鋪名稱。

上／側面對聯寫著「十足按物 壹年期滿」。
下／入口只有小小的招牌，為了維持原建築的樣貌，外牆上並沒有額外的看板廣告。

🏛 特色景點
📍 澳門新馬路 396 號
🚌 1. 巴士 3、3X、4、6A、8A、18A、19、26A、33、N1A 號，至「新馬路／永亨」站下車，徒步 1 分鐘。
　 2. 巴士 2、3、3X、3A、5、6A、10、10A、18、N3 號至「新馬路／大豐」站下車，徒步約 2 分鐘。
　 3. 巴士 11、21A、26A、33、N1B 號，至「新馬路／爐石塘」站下車，徒步 2 分鐘。
　 4. 議事亭前地噴水池沿新馬路右轉，徒步約 2 分鐘。
🕐 10:30 ～ 19:00，每月第一個週一休館。
🏛 開放式公眾場所
🌐 https://www.facebook.com/MacauPawnshop/
http://www4.icm.gov.mo/pawnshop/PawnTrdChi.html

三種，但現在的典當業皆已沒有「當」、「按」的經營方法，所以目前澳門還在營業的當鋪，招牌上較常見「押」字。

「德成按」結束營業後，由澳門政府接手維護，修葺成典當業展示館。裡面展示了民國初年的當鋪景象，包括當鋪入口的遮羞版（進出當鋪不是光彩事，所以會有個稱為「遮羞版」的屏風，擋住典當物品時的身影）、一層層的票櫃、「蝠鼠吊金錢」的牌匾、以及 40 多件典當記錄工具，再掛上大紅燈籠，展示傳統典當業的風貌。

藉由典當博物館內的展示，可以發現當鋪內各種設計皆是有其用意。例如民眾前來典當物品時，需要將物品高高舉上，仰首交談，這是因為在櫃檯後面是「當」，也就是人員進行典當物鑑別估價的地方，過程和討論內容，都不適合讓客人聽見或看見。而以前被視為禁入重地的櫃檯區域，也開放展示。櫃檯上有各種營業用具，有趣的是桌上的各種小印章，皆有其特殊用途。此展示館為較少接觸典當業的民眾揭開了當鋪的神祕面紗，是個相當新奇的展覽地點。

展示館的展示櫃陳列了不少以前德成按的當票和當簿，但上面的文字卻讓人無法辨識。原來這些文字是每間當鋪自己發明的密碼文字，每家當鋪都不一樣，目的是為了避免典當品評估的內容外流出去。在科技不如現在的過去，老祖先們利用各種智慧去創造出獨特的加密機制。

ⓘ 特色景點

ⓜ 澳門新馬路 396 號 1 樓（註：澳門 1
樓為台灣 2 樓）
德成按典當業展示館的樓上

ⓣ 1. 巴士 3、3X、4、6A、8A、18A、19、
26A、33、N1A 號，至「新馬路 /
永亨」站下車，徒步 1 分鐘。

2. 巴士 2、3、3X、3A、5、6A、
10、10A、18、N3 號至「新馬路 /
大豐」站下車，徒步約 2 分鐘。

3. 巴士 11、21A、26A、33、N1B 號，
至「新馬路 / 爐石塘」站下車，徒
步 2 分鐘。

4. 議事亭前地噴水池沿新馬路右轉，
徒步約 2 分鐘。

ⓣ 週一～週五 10:30 ～ 20:00；週六、日
10:30 ～ 21:00。

ⓣ 開放式公眾場所

ⓣ 無

金庸圖書館

https://pse.is/BHK2U

武俠小說泰斗「金庸」大師的作品，相信眾人都耳熟能詳，在澳門就有個小小的金庸圖書館。

金庸圖書館位於新馬路上，就在典當業展示館的旁邊。空間雖小，但也館藏了一些相當有趣且稀有的文件，包括英文、印尼文、泰文、日文等版本之金庸武俠小說，還有歷年來的各版本金庸武俠小說。

館藏中最重要的就是金庸的小說親筆手稿，藉由手稿可窺見大師的創作過程與字字斟酌的細膩。喜歡金庸武俠的旅人，值得來朝聖大師筆跡！

左／金庸圖書館的大廳，將所有的書名都排列出來。
右上／書櫃內展示了各種版本的金庸小說。右下／館藏中最珍貴的就是金庸的手稿。

夜間的福隆新街特別能感受到特殊風情。

福隆新街

https://pse.is/BQUEB

　　福隆新街是與新馬路平行的小巷，沿著民政總署同側向左走，只要遇到可以向左彎入的巷口，皆能走到福隆新街。福隆新街是澳門一條非常有趣的小街道，這條街道徹底保留了澳門的原始建築，兩側的店家也是澳門最經典的道地美食。

　　在幾百年的歷史中，福隆新街幾經轉變，清末開始在此填海闢路築商城，設有行莊、商店和戲院，將福隆新街打造成商業繁盛的地區。隨著商業的發達，博奕與青樓也隨著入駐此區域，讓福隆新街成為昔日著名的煙花之地與澳門博彩業發祥地

- 特色景點
- 澳門福隆新街
- 1. 巴士 3、3X、4、6A、8A、18A、19、26A、33、N1A 號，至「新馬路／永亨」站下車，徒步 1 分鐘。
  2. 巴士 2、3、3X、3A、5、6A、10、10A、18、N3 號至「新馬路／大豐」站下車，徒步約 2 分鐘。
  3. 巴士 11、21A、26A、33、N1B 號，至「新馬路／爐石塘」站下車，徒步 2 分鐘。
- 24 小時，店家營業時間各異。
- 開放式公眾場所
- 無

之一。再加上鴉片煙的流行,黃、賭、毒帶動了福隆新街這個區域的商業發展,成為當年紙醉金迷之地。

隨著百年經過,煙花女子與癮君子逐漸消失在此處,也不再是澳門的商業中心,但當年為了滿足繁榮發達的富人們而應運而生的美食,卻成為福隆新街現在的特色。現在的福隆新街美食店家林立,大批老字號的酒家食肆成了熱門餐廳,一躍成為老饕必來的美食天堂。

而充滿復古懷舊氛圍的福隆新街,也成為不少電影的取景之處,例如 2016 年上映的《出神入化2》(Now You See Me 2),以及王家衛導演的《2046》,還有更多不勝枚舉的港片,都曾出現過福隆新街的場景。

雖然福隆新街短短約 50 公尺,但由這裡延伸出去的巷弄小道各有風情,可以看到澳門最真實的樣貌,而這種街景也是在台灣難以見到的。到了福隆新街,建議也可以往四周巷弄走走冒險一下,相信可以看到許多有趣的景象!

上／曾在電影《2046》中出現的「新華大旅店」。
下／福隆新街大紅通通的特殊大門設計,在澳門別處也已經少見。

🍴 美食推薦：**義順牛奶**

　　「燉奶」是一種港式特色甜品，製作時僅取蛋白使用，加上牛奶及糖烹煮而成。在港澳皆有分店的義順牛奶，特別以其燉奶聞名於世。義順牛奶為了確保品質，還擁有專屬牧場，以高品質的鮮奶製作出香濃鮮嫩的甜品，其中以「雙皮燉奶」和「薑汁撞奶」最為暢銷。雙皮燉奶類似台灣的原味豆花，但口感較 Q 彈類似布丁；薑汁撞奶的口感則像薑汁口味的豆花，不過更綿密一些，咬起來也比較紮實。

　　義順牛奶的甜品口感細緻滑嫩，有點類似台灣豆花和布丁的綜合體。來到新馬路，吃個甜品，歇息一下，享受一下悠閒時光也很不錯喲！

🍴 特色美食

📍 澳門新馬路 381 號

🚌 1. 巴士 3、3X、4、6A、8A、18A、19、26A、33、N1A 號，
　　 至「新馬路 / 永亨」站下車，徒步 1 分鐘。
　 2. 巴士 2、3、3X、3A、5、6A、10、10A、18、N3 號
　　 至「新馬路 / 大豐」站下車，徒步約 2 分鐘。
　 3. 巴士 11、21A、26A、33、N1B 號，至「新馬路 / 爐石塘」站下車，徒步 2 分鐘。
　 4, 德成按典當業展示館的正對面。

🕐 週一～週五 09:00 ～ 23:00
　 週六 09:00 ～ 24:00

💰 33 MOP

🈳 無

https://pse.is/BSC8R

上／義順牛奶的招牌，就是一頭大大的乳牛。
下／義順牛奶招牌之一──「薑汁撞奶」。薑的味道非常重，辣辣甜甜，特別又好吃的一道甜品！

左／店家入口看起來就是傳統的甜品店。右／傳統茶餐廳的擺設，這種背靠背的座位，在港片中很常看到。

🍽️ 美食推薦：**祥記麵家**

https://pse.is/BRY8X

香港美食名家蔡瀾曾說：「記憶中最地道口味的廣東竹昇麵食，就在祥記麵家。」

位於福隆新街內，經營 60 餘年的祥記麵家，是澳門少數還保留手打竹昇麵的老店家之一。

店門口看起來是再普通不過的小店家，沒有華麗招牌，僅有門外牆上立著「祥記竹昇麵」幾個字。而店內是家常小店的擺設，菜單也直接就貼在牆上。眼前這間門內外貼上不少報導剪報、不太起眼的老舊店家，可多次入選《米其林指南》，是評審推薦的超值餐廳！

其中，店家的招牌蝦子撈麵，麵條很脆、很有嚼勁，台灣很少見，吃起來有點像科學麵，但又再軟一些。麵底部的沾醬略鹹，整體依然屬於清淡口味，相當好吃！蝦卵咬起來脆脆的，有一點苦，但口感很好，有種很特別的香味，相當推薦！

另外，較特別的還有豬手撈麵。在澳門，豬腳稱為「豬手」。而祥記麵家的豬手撈麵，屬於豬皮較多的豬腳，不但豬腳燉得一挾就散，而且豬皮相當 Q 彈，再加上口味清淡，表現非常不錯！

小菜部分，祥記麵家的魚皮真的有脆又 Q 彈，佐以薑、蔥、醬油，超香超 Q，第一次吃到這麼好吃的魚皮！炸雲吞則是將四周麵皮炸得一咬就全碎，麵皮有點像蝦餅，裡面是包蝦子和肉；雲吞的沾醬非常清爽，甜甜酸酸，徹底化解炸物的油膩，是個好沾醬！炸雲吞本身清爽無油耗味，沾上醬料，更添一番風味！

上／蝦子撈麵是祥記麵家的招牌撈麵，值得一嚐。
中／燉得濃油厚醬的豬手撈麵。
下／祥記麵家的氽燙魚皮，清脆可口。

祥記麵家的外觀，是小小的傳統家常店。

🍴 特色美食
📍 澳門福隆新街 68 號
🚶 1. 從德成按典當業展示館的對面巷弄進去，徒步約 1 分鐘。
   2. 從民政總署出發，徒步約 5 分鐘。
🕐 週一～週日 11:30 ～ 00:00，
   不定時公休。
💰 65 MOP
🌐 無

🍴 美食推薦：三元粥品專家

三元粥品專家的地址雖然為福隆下街，但其實也是跟福隆新街相接，與祥記麵家都位在同一條街內，就位於澳萊大三元酒店的正對面（P68）。

從面對民政總署的新馬路，往右直走經過義順牛奶，再經過德成按典當業展示館，就會看到清平街，而從清平街轉入後，第一個路口右轉，左手邊就是三元粥品專家。

三元粥品專家和福隆新街大部分的店家相同，小小的店門上寫著大大的店名，內部的擺設就是簡單的圓桌或者背貼背的四人座。自行入座後，菜單就貼在牆壁上，從菜單上的價錢可見澳門物價其實頗驚人。

澳門的粥就是台灣俗稱的「廣東粥」，屬於鹹粥的一種。而跟台灣的差別，則是這裡的粥會將米粒熬煮到不見顆粒，綿密程度是直接以碗就口都能喝完的程度。

三元粥品專家裡，筆者推薦的是「三元及第粥」和「豬肉丸粥」。三元及第粥內配料較豐富，有豬肝、大腸、豬肉丸等等；豬肉丸粥則是有約六七顆分量相當足夠的豬肉丸。配料都相當有嚼勁，不會太爛也不會太老。肉丸 Q 彈、濃濃的豬肉香味、再配上濃濃蔥香的粥，不論是當早餐或消夜，吃完整個人都暖和有活力了起來！

左／　小小的店面。
右上／招牌三元及第粥，即使是小碗，也是分量十足。
右下／著名的豬肉丸粥，肉丸真的很有咬勁，飽足感十足！

https://pse.is/BH6NL

🍱 特色美食
📍 澳門福隆下街 44 號地下
🚶 1. 從德成按典當業展示館的對面巷弄進去，徒步約 1 分鐘。
　　2. 從民政總署出發，民政總署徒步約 5 分鐘。
🕐 週一～週日 08:00 ～ 11:00、19:00 ～ 00:30，不定時公休。
💰 35 MOP
🌐 無

🍽 美食推薦：成記粥品

https://pse.is/BE2PL

成記粥品是澳門頗有名氣的粥品店家，但特別的是它只是小小防火巷內的攤位，地點相當隱密，若不是網路上人氣滿點，眾多文章都有介紹，不然還真的不好找，一不留意就走過頭了。

不過如果知道四周地標的話，其實也不會太難找到。從民政總署往德成按典當業展示館方向，沿著新馬路走到營地大街的交叉口，會看到一棟寫著「長泰大按」這四個大字的特別建築，在這棟建築旁有個略呈三角形的小廣場。這個小廣場晚間皆是閃亮霓虹招牌，白天則是回歸平靜。廣場右側有個「高臣滅白蟻公司」的小小白色招牌，成記粥品就在這個招牌下方。

位於防火巷內的小小攤位，也僅是簡單的桌椅擺設，不過老闆超級熱情，超喜歡跟客人聊天，知道筆者是台灣遊客，也閒聊起他剛從台灣旅遊回來，大談台灣景象。當有人拍照時，老闆還會俏皮地入鏡搶鏡頭，或者大喊等一下，他擺好姿勢讓大家拍。拍完再問帥不帥，遊客們大聲說帥，老闆就說他 67 歲，帥不起來了，真的是個非常熱情可愛的老闆。

店家招牌的及第粥，粥品熬煮到不見顆粒，且料多豐富，內有豬肝、豬腸、肉丸。肉丸鮮味十足，紮實彈牙，豬肝也是相當柔軟，不會煮得過老過硬。

這間位於防火巷內的人氣名店，除了粥好吃，更令人印象深刻的是熱情活潑又有趣的老闆！小小巷內總是充滿歡樂氣氛，真心佩服老闆每天上班時都有這種好心情！

上／隱身在防火巷中的人氣店家。
下／米粒熬煮到不見顆粒的招牌及第粥。

🍴 特色美食
📍 澳門新馬路營地大街吳家圍
🚇 新馬路與營地大街的交叉口，離民政總署徒步 2 分鐘。
🕐 每日 07:00 ～中午，賣完為止。不定時公休。
💰 25 MOP
🌐 無

> 請注意，成記粥品營業時間早上 7 點開始賣，只賣早市，賣完為止喔！

原本位於新馬路上、民政總署旁的新帆船餐廳，於 2014 年就已經停止營業了。新帆船餐廳的葡式料理是筆者認為餐點水準最整齊的葡國菜餐廳之一，當發現澳門的新帆船餐廳停止營業時，當下深感可惜。

不過後來發現新帆船餐廳於同年搬移至台北，連內部裝潢和門面牆壁顏色，都盡量將在澳門時的模樣搬移過來。因此在台北，也可以享受到正宗葡國菜囉！

09

下環、西灣

媽閣斜巷的趣味別名-萬里長城。沿此上坡,可至港務局大樓及亞婆井前地。

亞婆井前地被黃白相間的歐式建竹圍繞。前地上有清楚的景點指標,指引朝巷弄走入即是鄭家大屋。

從西灣街上的燒灰爐公園,轉進灰爐斜巷,沿著指標上坡即可抵達主教山小堂。

從灰爐斜巷上坡,可見海星中學附屬小學。轉進竹室正街持續上坡。

美味的葡國菜餐廳-船屋餐廳,就在媽閣廟前地旁。

媽閣廟前地是巴士上下車之處。

從媽閣廟前地沿著綠色圍牆的海事博物館行政大樓,左轉進媽閣斜巷,可至港務局大樓。

入選世界遺產的媽閣廟。

河邊新街

鄭家大屋

媽閣街

西望洋斜巷

竹室正街

港務局大樓

主教山小堂

BUS

媽閣斜巷

BUS BUS

灰爐斜巷

媽閣廟

民國大馬路

西灣湖街

西望洋山上的主教山小堂。

搭巴士前往主教山小堂,可搭9號和16號巴士到「濠璟酒店」站下車。不過下車後需要爬一段路。

西灣湖

何鴻燊博士大馬路

主教山小堂入口旁的西望洋聖母眺望台,是可見絕佳美景的好去處。

平價的家庭式葡國菜餐廳-亞利咖喱屋。鄰近「民國馬路」站,6B、9、16、28B號巴士可以抵達。

西灣的最高建築,澳門旅遊塔。

沿著西灣散步,可欣賞到美麗夕陽。

西灣廣場

澳門旅遊塔

西灣湖景大馬路

BUS 2 聖老楞佐堂正門出來，沿著高樓街直走，即可抵達「亞婆井前地」巴士站。此站有18號與28號B兩路線巴士停靠。可往南抵達媽閣廟或往北前往新馬路。

沿著綠色圍牆往左走，就是崗頂劇院入口。

上坡走到底，右側即是何東圖書館。

走到盡頭，看到鵝黃色的圍牆和塔樓，即抵達崗頂前地。

民政總署旁蘇雅利醫士街，上坡直走可抵達崗頂前地。

與崗頂劇院綠色圍牆相望的聖奧斯定教堂，已重新開放。

從崗頂劇院正門下坡，沿官印局街，走到風順堂上街，小小的拱門，正是聖若瑟修院的入口。入口的拱門雖不起眼，但進入即見雄偉的聖若瑟修院。

綠白相間，典雅大方的崗頂劇院。

聖老楞佐堂的正門有多層階梯，但在聖若瑟修院入口的斜對面，官印局街上就有聖老楞佐堂的後門可以進入。

亞婆井前地會有鄭家大屋的指標。

鄭家大屋隱身小巷之內，且大門低調，若非有指標，真的不易發現。

鵝黃色建築包圍的小空地，即是亞婆井前地。

從聖老楞佐堂正前方街道下坡直走，可抵達政府總部。

崗頂劇院下方的交叉路口，皆有景點指示牌。

BUS 1 在聖老楞佐堂下方有「風順堂街」巴士站，可以搭乘以下巴士抵達或前往各地。

9號巴士：1.可從「亞馬喇前地」站或「媽閣總站」站抵達，於此上車至「葡京路」站，即可抵達新葡京酒店。

2.搭乘至「盧廉若公園」站下車，即可抵達盧廉若公園。

16號巴士：1.可從「司打口」站抵達，於此上車搭乘至「南灣大馬路／時代」站，即可抵達新馬路。

2.搭乘至「盧廉若公園」站下車，即可抵達盧廉若公園。

18號巴士：可從「澳門旅遊塔」站抵達，於此上車搭乘至「媽閣廟站」站，即可抵達媽閣廟。

28B號巴士：1.可從「外港碼頭」站抵達或「東方拱門」站抵達，於此上車搭乘至「媽閣廟站」站，即可抵達媽閣廟。

2.搭乘至「南灣大馬路／時代」站，即可抵達新馬路。

3.搭乘至「高美士／馬六甲街停車場」站下車，即可抵達大賽車博物館。

整片淺綠色圍牆，是崗頂劇院的最大特色。

簡介

　　「下環」是當年葡萄牙人登陸之處，其中的「亞婆井前地」，更是早期葡萄牙人的聚居之地，四處可見許多南歐葡國風味建築。由於是澳門最早開發的地區，因此世界遺產的密集，也是相當驚人。順著星羅棋布的街巷而行，即可感受澳門歷史城區世界遺產的魅力，包括「媽閣廟」、「港務局大樓」、「亞婆井前地」、「鄭家大屋」、「崗頂劇院」、「崗頂前地」、「何東圖書館大樓」、「聖若瑟修院及聖堂」、「聖老楞佐教堂」等世界遺產，都可以徒步漫遊抵達。如此輕鬆就能漫步探索當地風情，這也是筆者特別喜愛澳門的原因之一。

　　「西灣」的夕陽和「澳門旅遊塔」則是澳門的新興地標，許多慶典活動，例如煙火節表演、美食節、跨年煙火，都會在西灣舉行。沿著西灣湖畔漫步時，抬頭望去，會發現有座教堂矗立在湖畔小山上。這位於西洋望山山頂的「主教山小堂」，是俯瞰澳門半島、觀賞夕陽和夜景的好去處。

https://pse.is/BRVPQ

媽閣廟

　　始建於 1488 年的媽閣廟，主奉海神媽祖，現為澳門三大古剎中最古老者。媽閣廟占地雖然不大，但其擁有超過 500 年歷史，且也是澳門現存廟宇中，少數保留多年傳承下來可供考據的實物。而媽閣廟的格局是順應山勢而建，融入自然環境，也是其建築特色之一。

　　據傳「澳門」的名稱由來，也跟媽閣廟有所淵源。當年葡萄牙人首次抵達澳門前往岸邊詢問當地人民此為何處時，回答者誤以

上／牌樓式花崗石建造的入口大門，門楣刻著廟宇正名「媽祖閣」，但民眾較習以「媽閣廟」稱呼。
下／大殿外立面正中央開有圓形窗洞，上面刻著「萬派朝宗」，兩側對聯讚頌媽祖的聖德。

為葡萄牙人詢問廟宇名稱，於是回答「媽閣」，葡萄牙人於是命名此處為「Macau」（即「媽閣」在葡萄牙文中的譯音）。

由於澳門口音差異的關係，當地人稱呼媽閣廟為「馬」閣廟，不過文字上依然是書寫「媽」閣廟，因此不論是「媽」或「馬」，指的都是同一個地方。

身為澳門本土最具代表性的宗教建築，加上與澳門名稱由來有所關連，媽閣廟在澳門代表的意義非凡。尤其媽閣廟正門的圖像多次登上澳門幣紙幣正面，可見媽閣廟在澳門的地位，可與大三巴牌坊並列澳門最具代表的東西兩大建築。因此媽閣廟入選世界遺產澳門歷史城區，更是當之無愧。

可惜在 2016 年年初，媽閣廟慘遭祝融肆虐，正殿內部受到嚴重的損壞。經過 2 年維修後，媽祖大殿終於在 2018 年 2 月修復完畢，重新開放。

特 世界遺產
地 澳門媽閣廟前地
交 巴 士 1、2、5、6B、7、10、10A、11、18、21A、26、28B、55、MT4、N3 號至「媽閣廟站」站下車，徒步 1 分鐘。
時 07:00 ～ 18:00，全年無休。
費 免費
鄉 無

上／即使貴為世界遺產，但在當地居民心中，媽閣廟依然是人民的守護神。
中／澳門原本是靠海的小漁港，主神媽祖，所以到處都可以看到以船為主的祈福物品。
下／澳門廟宇的線香多以螺旋狀垂吊於屋樑之下，是台灣廟宇較少見的景象。

充滿伊斯蘭風格的港務局大樓。

港務局大樓

　　大家一定沒想到，澳門除了中、葡式建築之外，竟然還有阿拉伯建築。這棟由義大利人卡蘇杜（Cassuto）設計的暖黃色雙層樓房，擁有伊斯蘭拱型門窗搭配穆斯林式的穹頂，處處充滿迷人的阿拉伯風情。

　　港務局大樓於 1874 年建成，初作為在澳門的印度籍警察營地。古時印度人自稱「婆羅多」，廣東人音譯為「嚤囉」，因此

https://pse.is/BRXES

⊕ 世界遺產
⊕ 澳門媽閣斜巷
⊕ 1. 巴士 18、28B 號至「海事及水務局」站下車，徒步 1 分鐘。
　 2. 由媽閣廟沿媽閣斜巷，上坡徒步約 3 分鐘。
⊕ 09:00 ～ 18:00（外廊開放參觀，內部不開放）
⊕ 免費
⊕ 無

港務局辦公室入口大門，現代化的辦公機構依然保存著古色古香的建築風格。

上／雖然只有開放外部走廊，但已經是非常值得留影紀念的地點。
下／每個細節都充滿阿拉伯風情。

港務局大樓舊稱「嚤囉兵營」或「摩爾兵營」。後來用途改為船政廳和水師巡捕所，故又被俗稱為「水師廠」。

　　澳門的世界遺產有個特色，許多建築即使入選為世界遺產，原本的功能依然保持運行中。因此港務局大樓依然是政府辦公機構，內部只服務洽公民眾，也只開放外部走廊供遊客合影參觀。

　　港務局大樓離媽閣廟只有徒步 3 分鐘路程，僅需沿著媽閣廟側邊的媽閣斜巷向上走，即可抵達這個充滿中東伊斯蘭風情的世界遺產。

https://pse.is/B5SCH

亞婆井前地

在地狹人稠、遊客眾多的澳門，亞婆井前地是少數可以享受安靜悠閒的世界遺產。作為連結四周世界遺產景點的廣場，亞婆井前地提供了遊客可以充分歇腳休憩的好去處。

此地名稱由來，據傳是明朝一位婆婆在此地築水池貯山泉方便居民汲取飲用，由於粵語中「亞」和「阿」為同音字，「亞婆」即是「老婆婆」的意思。書寫名稱則以「亞」婆井前地為正名。

葡萄牙文稱「亞婆井」為「lilau」（山泉），也表示了這個區域擁有人類居住最需要的水源，因此這裡也是葡萄牙人最早的聚居區域，甚至還產生一首相當有趣的葡萄牙文民謠，歌詞內唱著：「喝了亞婆井水，忘不掉澳門；要麼在澳門成家，要麼遠別重來。」不過亞婆井的正確位置是亞婆井斜巷盡頭的高地上，可不是位於亞婆井前地喔！

亞婆井前地上的葡式建築。

亞婆井前地最吸引人之處，就是沿著地勢高低，錯落許多葡萄牙風格的老宅，眼前所見建築，皆是充滿南歐風情的紅瓦黃牆。葡萄牙裝飾藝術風格的公寓式住宅，順著山勢分布其上，白色外牆襯托各色百葉窗，紅瓦屋頂作為點綴，濃郁的南歐風情是留下美麗倩影的好景點。前地上有數棟建築，其黃色外牆鑲嵌著藝術風格的華麗線條，也是取景的好地點！

上／沿著旁邊的小坡道往上走，還保留著數棟舊時
　　葡式建築。
下／不同於議事亭前地的廣場，亞婆井前地是個安
　　靜悠閒的小廣場。

🔵 世界遺產
🔵 澳門亞婆井前地
🔵 1. 巴士 18、28B 號至「亞婆井前地」站下車即是。
　　2. 由媽閣廟經港務局大樓，沿媽閣街上坡，徒步
　　　約 8 分鐘。
🔵 24 小時
🔵 開放式公眾廣場
🔵 無

入院後還須走上一段路才能抵達的主人雙層樓房。

https://pse.is/BTVLS

鄭家大屋最外圍即使是僕人平房，也營造得相當有古典氣息。

鄭家大屋

　　隱身在亞婆井前地巷弄間的鄭家大屋，是筆者極力推薦的澳門景點之一。與議事亭前地的盧家大屋一樣，都是屬於嶺南風格民宅，但是建築範圍達到約4,000平方公尺，縱深達120多公尺，大小房間有60多間，是澳門現存建築面積最大的民居建築群。

約為 19 世紀中後期落成的鄭家大屋，是中國近代著名思想家鄭觀應的故居。這座院落式大宅，格局井然有序，依序規劃了大門、外花園、僕人房區及主門後面的兩座並列的四合院式建築。建築高度也依性質差異而有不同，例如僕人房區多為一樓平房，主房區則為二三層樓房。建築格局以中國形式建造，但點綴裝飾等則是採取西方設計，處處顯示了中西結合的特色。

澳門政府在 2002 年起，花費 8 年時間，將年久失修的鄭家大屋從內到外，進行了嚴謹的修復工程，努力彌補殘破之處，昔日風光才終於得以恢復。

這座難得一見的大宅院還有一項珍貴之處，就是遊客相當稀少。在這廣大宅院內漫步，有如與世隔絕般，可以靜靜享受這座典雅大器的大宅。特別推薦喜好攝影的旅客，不必再為取景四處閃避，絕對值得一來。

🏛 世界遺產
📍 澳門龍頭左巷 10 號
🚌 1. 巴士 18、28B 號至「亞婆井前地」站下車，徒步約 1 分鐘。
2. 由媽閣廟經港務局大樓，沿媽閣街上坡，徒步約 8 分鐘。
🕐 10:00 ～ 18:00，17:30 後停止入場。每週三公休，公眾假期除外。
🎟 免費參觀
🌐 http://www.wh.mo/mandarinhouse

上／大屋主廳，典雅大氣。
下／主廳和格局都是東方風格，但從連結走廊上可以發現西洋風格的方柱、百葉窗和馬賽克裝飾。

小小的崗頂前地，四周環繞
著多彩繽紛的歐式建築。

https://pse.is/BUASV

崗頂前地

「前地」這個意指「廣場」的名稱，常常出現在澳門的地名中。在歐洲，每條街道馬路都會連接到或大或小的廣場，各種重要建築也會圍繞廣場而立，例如教堂和劇院以及政府單位。而被葡萄牙管理數百年的澳門，也可看到這類歐洲的都市規劃，也因此澳門四處都有稱為「前地」的廣場。雖然澳門的廣場都不大，但是小小的廣場內蘊藏了豐富的人文宗教景觀。

- 🏅 世界遺產
- 📍 澳門崗頂前地
- 🚶 由民政總署旁沿「蘇雅利醫士街」接「東方斜巷」上坡，徒步約 5 分鐘。
- 🕐 24 小時
- 🎫 開放式公眾場所
- 🌐 無

上／地上一樣是澳門獨特風格的波浪形馬賽克地磚。
下／從崗頂前地即可看到崗頂劇院的側邊綠色圍牆。

崗頂前地四周除了世界遺產，也有幾棟新落成的仿葡式建築。

　　從民政總署的側邊小巷往上爬 5 分鐘，即可抵達崗頂前地。跟議事亭前地一樣，這裡也有個黑白相間的波浪紋馬賽克地磚。崗頂前地的範圍雖然不大，但環境清幽典雅，四周圍繞著黃色、綠色對比鮮明的聖奧斯定教堂、崗頂劇院及何東圖書館大樓。崗頂前地與其四周建築，同時也都名列世界遺產。

　　由崗頂前地，亦可徒步通往同為世界遺產的聖老愣佐教堂、聖若瑟修院及聖堂，甚至走到鄭家大屋、媽閣廟。這也是澳門的迷人之處，藉由一個個的廣場相連，景點接二連三地串連在一起，走到哪都有景點可看！

崗頂劇院

位於崗頂前地的崗頂劇院，主體於 1860 年由澳門民間葡人集資興建，提供戲劇或音樂會的舉辦，是當時澳門葡萄牙人最主要的社交活動地點，也是中國最古老的西式劇院。

崗頂劇院屬於新古典主義風格，建築以淺綠色為主，並以墨綠色門窗襯托，形成深淺的色彩對比。劇院正立面寬達 15.7 公尺的羅馬圓拱式門廊，則是於 1873 年加建而成。門廊下是由 4 組希臘古典建築風格的愛奧尼柱式倚柱組成，側面還有羅馬圓拱式落地窗，每個細節都展露出追尋羅馬和希臘時期的古典風格。

目前崗頂劇院免費開放給遊客入內參觀，在沒有表演的時候，院內各廳堂也可以自由參觀。院內也有提供不少可以免費索取的旅遊資訊，還有休憩座位和免費 Wi-Fi，非常適合旅人前來休憩以及感受一下文藝氣息。不過，畢竟這是文藝場所，大家前來參觀拍照時，還是要降低音量，保持安靜喔！

- ⓘ 世界遺產
- 📍 澳門崗頂前地
- 🚌 由民政總署沿東方斜坡上坡，徒步約5分鐘。
- 🕙 10:00 ～ 18:00，每週二休息，公眾假期照常開放。
- 🎫 開放式公眾場所
- 🌐 http://www.wh.mo/theatre/cn/

https://pse.is/BL99X

上／屬新古典主義風格、充滿文藝氣息的崗頂劇院。

中／沒有表演時，劇院內部有開放參觀。

下／崗頂劇院旁的小巷稱為「戲院斜巷」，歐洲人稱為「劇院」的建築，中國人當然稱為「戲院」。澳門四處都有這種很有趣的路牌可以去發掘喔！

特 世界遺產
地 澳門崗頂前地 3 號
交 由民政總署沿東方斜坡上坡，徒步約 5 分鐘。
時 週一至週六 10:00 ～ 19:00；週日 11:00 ～ 19:00。
書 開放式公眾場所
網 http://www.library.gov.mo/zh-hant/branch-libraries/
public-library/macao/hotung

上／鵝黃色的何東圖書館
入口。
中／鵝黃外牆搭配咖啡色
窗框，一樣是濃濃的
歐洲風。
下／三層樓的主建築。

何東
圖書館
大樓

https://pse.is/BS9QY

　西元 1894 年，清光緒年間落成的何東圖書館，原是香港富商何東在澳門的度假別墅。西元 1955 年，何東病逝後，後人依照遺囑，將此建築贈予澳門政府，且提供經費成立現在所見的何東圖書館。

　這棟極具文化藝術氣息的百年歷史建築，以中文古籍為主要館藏，其中最珍貴的是還保留著明朝嘉靖年間的中國文史典籍。除了稀有的古書館藏，園林式圖書館更是少見的特色。

　樓高三層的主建築，擁有歐陸風韻的拱廊，加上前庭後園的設計，是典型的花園式豪華住宅。這棟舊有的富商豪宅，雖然占地不廣，但處處皆精心雕琢。尤其改建為公眾圖書館後，更添加了許多書香氣息。

　現今澳門政府，也在原有建築旁興建了現代化的圖書大樓，讓何東圖書館成為澳門最大的圖書館。

左／古典式大門，雙柱、窗戶和花紋，如鏡射一般的左右對稱。
右／顯眼的黃色圍牆和鐘樓，連「龍嵩廟」名稱由來的蒲葵葉也依然存在。

㊣ 世界遺產
㉿ 澳門崗頂前地 2 號
㊌ 由民政總署沿東方斜坡上坡，徒步約 5 分鐘。
㊐ 每日 10:00 ～ 18:00，公眾假期照常開放。
㊋ 開放式公眾場所
㊏ 無

https://pse.is/BR5NF

聖奧斯定教堂

　　從民政總署沿著斜坡一路往上爬，抵達崗頂前地時，眼前顯眼的黃色圍牆與鐘樓，就是崗頂前地的世界遺產之一──聖奧斯定教堂。聖奧斯定教堂的歷史可追朔到西元 1591 年，由傳教士在此克難地建立教堂開始。當時的屋頂僅是利用蒲葵葉來遮風避雨，當時的漢人看到蒲葵葉被風吹起時，很像龍鬚飄飄，因此稱教堂為「龍鬚廟」，又因當地口音關係，書寫文字便定為「龍嵩廟」，所以附近也有一條路稱為「龍嵩正街」。後來歷經數百年的發展和整修，於西元 1874 年的大規模修葺，底定了今日所見的規模。之後每年聖奧斯定教堂都會選擇 2 天舉辦苦難耶穌像巡遊，這項歷史悠久的活動，舉辦至今已經成為澳門天主教會重要的節日活動之一。

　　聖奧斯定教堂的立面高約 17 公尺，是採用歐洲文藝復興時代的古典式構圖，簡樸對稱。顯眼的黃色牆面，上有螺旋花紋和白色線腳裝飾，而頂部中間的神龕，則供奉聖母像。

　　教堂曾經封閉一段時間。在 2018 年的 8 月 1 日，終於重新對外開放。

厚實莊嚴的聖若瑟聖堂。

聖若瑟修院
及聖堂

https://pse.is/BSMYD

- 特 世界遺產
- 地 澳門三巴仔橫街
- 交 1. 由崗頂劇院前下坡，沿龍嵩正街、
  官印局街、風順堂上街，徒步約 5
  分鐘。
  2. 由聖老楞佐教堂（風順堂）後門，
  沿風順堂上街，徒步約 1 分鐘。
- 時 聖堂 10:00 ～ 17:00
- 費 開放式公眾場所
- 網 無

　　從崗頂劇院前沿著下坡前進，會開始
進入錯綜複雜的街道巷弄。好險路口的交
叉處皆有非常清楚的箭頭指標，這也是筆
者非常推薦到澳門自助旅行的原因之一，
簡單又輕鬆，景點距離也不遠，非常適合
自助初學者。而且就算不小心迷路了，也
可能會有忽然走到另一個景點的驚喜感。

從崗頂劇院徒步約 5 分鐘即可抵達的聖若瑟聖堂，也是世界遺產之一，入選全名為「聖若瑟修院及聖堂」，不過位於何東圖書館和崗頂劇院中間的修院並沒有對外開放。

擁有低調入口的聖若瑟聖堂，進門後是意想不到的寬廣階梯與高聳莊嚴的教堂。此聖堂興建於西元 1746 年，至 1953 年再被修葺，形成今日規模的鵝黃色巴洛克式建築。由於聖堂與修院的規模僅次於大三巴牌坊燒毀前的聖保祿教堂，且樣式相似，因此當地人稱這裡為「三巴仔」。

聖堂正立面相當雄偉壯觀，兩側有高達 19 公尺對稱的琉璃瓦頂鐘塔，中央的厚大木門上方是耶穌會會徽雕飾，兩邊壁柱上則皆有點綴裝飾。內部裝飾也甚豐富，其中以兩組四枝腰纏金葉的旋柱最具特色。主堂為由 4 個帆拱頂托起的羅馬式穹窿空間，而祭壇和 2 樓唱詩台也都充滿巴洛克式的裝飾，同類型的設計在澳門絕無僅有。唱經台上方的管風琴在音樂會舉辦時，也會一展長才。

上／低調的聖堂入口，每逢星期天，前來做禮拜的民眾相當眾多。
下／明亮的巴洛克風格教堂。

https://pse.is/BJL6T

聖老楞佐教堂

當地華人稱為「風順堂」的聖老楞佐教堂，是澳門三大古教堂之一。澳門是臨海小城，人民不論經商捕魚，都是靠海維生，相對於中國人信仰的媽祖，葡萄牙人信仰的則是航海主保聖老楞佐，於是在西元 16 世紀中葉興建了聖老楞佐教堂，祈禱出海營商的家人能夠平安歸來，現今規模則是 1846 年整建而成。

華人會稱聖老楞佐教堂為「風順堂」，則是因為在以風力為動力的帆船時代，季節的風勢變化非常重要，於是不管是葡萄牙人準備出海，或者祈禱商船平安返回，都會在聖老楞佐教堂進行莊嚴慎重的祈風儀式。當地華人見葡萄牙人在此舉辦祈風儀式，而漢語稱這種季節變化的風為「風信」，於是稱此為「風信堂」，後來又因為粵語諧音和祈求風調雨順的涵義，逐漸變成「風順堂」。

教堂內外皆有栩栩如生的聖像。

這也是在澳門文化相當有趣的一環，原本屬於歐洲文化的信仰，融入了當地的用語之後，倒也是相當符合彼此的原意。

⑲ 世界遺產
⑳ 澳門風順堂街
㉑ 1. 巴士 9、16、18、28B 號至「風順堂街」站下車，徒步 1 分鐘。
2. 由崗頂劇院沿龍嵩正街、風順堂上街，徒步約 3 分鐘。
3. 由聖若瑟修院及聖堂沿風順堂上街，徒步約 1 分鐘可接後門進入。
㉒ 07:00 ～ 21:00
㉓ 開放式公眾場所
㉔ http://www.stlawrencechurchmacau.com/

聖老楞佐教堂的建築具葡萄牙色彩，教堂外觀為歐洲古典式帶著點巴洛克風格。色彩處理皆是採用對比映襯，藍色頂棚搭配黃色牆面，白色花紋旁利用金黃色局部點綴。教堂內部正中主祭台上是主保聖人聖老楞佐聖像，兩旁設置多個小祭壇供奉天主教聖徒，外部也有多位聖像矗立四處。教堂華麗的風格顯示了此區域在當年是多麼繁華高貴。

聖老楞佐教堂華麗又不失莊重的外觀。

教堂內部的彩色玻璃窗描繪著聖經題材的圖案，帶來明亮朝氣的氛圍。

特色景點

地 澳門西望洋山頂

交 1. 巴士 9、16 號至「濠璟酒店」站或「西坑街」站下車,徒步 5 分鐘。

2. 巴士 18、28B 號至「亞婆井前地」站下車,徒步 5 分鐘。

3. 由鄭家大屋前往,徒步約 5 分鐘。

4. 由崗頂前地前往,徒步約 10 分鐘。

5. 由媽閣廟前往,徒步約 10 分鐘。

時 10:00 ～ 17:00

貴 開放式公眾場所

網 無

上／主教山小堂最大的亮點就是可以欣賞澳門旅遊塔的夜景。
下／擁有哥德式教堂尖頂的主教山小堂。

西望洋山和主教山小堂

https://pse.is/BKYWM

　　當沿著西灣湖畔散步時，一定會注意到眼前小山上有座顯眼的教堂，那就是澳門西端的最高地標——主教山小堂。登上西望洋山頂的主教山小堂，可以眺望澳門旅遊塔和西灣大橋的壯闊景象，尤其是夕陽時分和入夜景色更加吸引人。

　　主教山小堂現址原本為防禦海盜及外國軍隊入侵的炮台碉堡，為了祈禱作戰順利，於是在炮台旁建立以聖母瑪利亞為主保的聖母堂，讓駐紮士兵進行祈禱和參與彌撒。隨著戰事的趨緩，炮台於西元 1892 年被拆卸，教堂規模卻逐步擴大，於 1935 年的修建底定現在所見的規模。因為教堂旁的建築曾經是主教寓所，因此西望洋山又被稱為「主教山」，山上的教堂也就被命名為「主教山小堂」。

　　筆者建議在傍晚時間登上主教山小堂，雖然一路上坡，走得氣喘吁吁，但可以欣賞到的夕陽和夜景，卻是十分值得。特別提醒，主教山小堂在下午 5 點左右就會關閉，所以要欣賞夕陽和夜景，要到教堂入口旁的西望洋聖母眺望台，才能看見美麗的景象喔！尤其當有煙火施放活動時，這裡更是觀賞的好地點。

左／在主教山小堂可以環顧澳門的四周景象。
右／觀賞夜景的真正地點是教堂下方的西望洋聖母眺望台。

https://pse.is/BTERQ

🔖 特色景點
📍 澳門觀光塔前地
🚌 巴士 5、5AX、9A、18、18B、23、26、
32 號至「澳門旅遊塔」站下車。
🕐 平日 10:00 ～ 21:00
週末 09:00 ～ 21:00
🎫 觀光塔觀景門票 145 MOP；65 歲以上 75
MOP；3 歲～ 11 歲 75 MOP，3 歲以下免
費。塔內各項娛樂費用，詳見官網。
🌐 https://www.macautower.com.mo/zh-
hant/

澳門旅遊塔

　　矗立在西灣湖畔的澳門旅遊塔，絕對也是澳門的代表性地標之一。尤其是花火節舉辦之時，澳門旅遊塔更是觀賞煙火夜景的絕佳地點。

　　澳門旅遊塔除了像一般高塔有提供遠眺景觀外，更特別的是還可以在塔上進行全世界最高的高空彈跳（澳門稱為「笨豬跳」）！從澳門旅遊塔的 61 樓、離地表 233 公尺的塔外縱身一躍而下，這種需要超強心臟的活動，吸引不少外國遊客前來挑戰。除了高

澳門旅遊塔可以觀賞到澳門本島新葡京酒店，夜景絕對也是相當吸引人。

空彈跳，也可以跟三五好友進行團
體報名「空中漫步」，全身繫上安
全裝備，猶如洗窗工人一般，走到
塔外行走一段路程，這也是相當刺
激的活動。不過這些費用都不含在
入場門票內，是需要額外付費的活
動。

　　除了付費活動，一般民眾可以
經由澳門旅遊塔，走到旅遊塔後方
的沿海廣場，愜意地觀賞夕陽景象，
這可是免費的喔！而且還可以另類
觀賞到參加高空彈跳的各位勇者降
落英姿。

上／58 樓有個區域讓遊客觀看從天而降的勇者。
下／走道僅有 1.8 公尺，且沒有扶手欄杆，僅靠著身
　　上的安全繩索，這就是刺激的空中漫步。當塔外
　　的強風襲來，那種刺激感也是令人膽顫心驚啊！

穿越澳門旅遊塔的 1 樓大廳，抵達後方的沿海廣場，可以愜意地觀賞夕陽海景。

夕陽西下時的西灣美景。

西灣夕陽

https://pse.is/BNM9T

🔅 特色景點
📍 澳門西灣湖街
🚌 1. 巴士 6B、9、16、28B 號至
「民國馬路」站下車，徒步 1 分鐘。
2. 巴士 5、5AX、9A、18、18B、23、26、32 號至「澳門旅遊塔」站下車，徒步 1 分鐘。
🕐 24 小時
🎫 開放式公眾場所
♿ 無

　　從澳門旅遊塔往北直到民國大馬路，這段約莫 600 公尺的西灣湖畔，是筆者個人相當喜歡的一段散步路線。

　　傍晚時分從民國大馬路往澳門旅遊塔前進，可以在湖畔看到夕陽西下的湖光倒影，主教山小堂在鬱鬱蔥蔥的西望洋山上，也被夕陽映照著，湖光山色真是一絕。夕陽漸落，澳門旅遊塔華燈初上，澳門旅遊塔逐漸從一片剪影中綻放光芒，西灣大橋上的車燈點點，猶如銀河一般閃閃動人。

　　只要掌握好時間，這短短 600 公尺的湖畔小徑，可是充滿大大的驚喜！

🍽️ 美食推薦：**船屋餐廳**

　　位在媽閣廟前地海事博物館旁的船屋餐廳，是開業超過 20 年的葡國餐廳，老闆是土生葡國人，認為除了烹飪出道地葡國菜外，餐點細緻度與用餐環境，以及良好的氣氛，都是屬於非常重要的環節。在老闆多年的堅持下，船屋餐廳不僅常常獲選各類評比大獎，更是入選 2016 年《米其林指南》的推薦餐廳。

　　筆者特別推薦船屋餐廳的海鮮燴飯。品嚐過澳門數間葡國料理，在同等級餐廳中，船屋餐廳的海鮮燴飯表現傑出，技壓群雄。

　　船屋餐廳的海鮮燴飯，外觀平淡無奇，但沒想到湯匙一舀，配料十分豐富，除了大螃蟹外，滿滿的蝦子、大蛤，鮮味驚人！尤其螃蟹並非僅是裝飾調味，品嚐之後，蟹肉美味十足！除了海產鮮味外，還帶有微微咖哩香味，表現出正統澳門葡國菜會佐以東南亞香料的特點。這道海鮮燴飯不僅美味，而且分量十足，兩人分食幾乎已經飽足。

　　船屋餐廳的葡國雞，則是以強烈的椰味為特色，以馬鈴薯和雞肉搭配咖哩燉煮而成，香氣濃郁且不會特別辛辣。

　　前來頗有人氣的船屋餐廳用餐，記得預約或者抓準開門時間準時抵達，不然可能就得排隊等候囉！

左／　濃濃航海風格的餐廳大門。
右上／內部裝潢以明亮的白色和黃色搭配，並以圓弧拱門造型作為區隔，真的頗有船艙的感覺。
右上／上桌時貌似無奇的海鮮燴飯，沒想到裡面藏了一隻大螃蟹及豐富的配料。

https://pse.is/BSL4D

🏷 特色美食
🏠 澳門媽閣河邊新街 289 號 A 地下
🚌 巴士 1、2、5、6B、10、10A、11、18、21A、26、28B、55、MT4、N3 號至「媽閣廟站」站下車，海事博物館旁，徒步 1 分鐘。
🕐 週三至週一 12:30 ～ 15:00、18:30 ～ 23:00，每週二休息。
💰 150 MOP
🌐 http://www.alorcha.com/ch/home/

美食推薦：亞利咖喱屋

　　位於西灣湖畔的亞利咖喱屋，以其優越的賞景地點以及選擇豐富的菜單，加上令人驚豔的料理價位，因此店內總是高朋滿座。尤其入夜時分，鄰近西灣湖畔、面向澳門旅遊塔的戶外座位更是一位難求。

　　亞利咖喱屋的門口不遠處就有公車站牌，巴士搭到「民國馬路」站下車，往前方即可看到亞利咖喱屋顯眼的綠色招牌，徒步約 1 分鐘即可抵到。

　　亞利咖喱屋的走向屬於家庭式平價葡國料理，店內沒有太豪華的裝潢和環境。幾張用鐵環固定住的護貝菜單，密密麻麻將近有百道料理可供選擇，價位也非常平易近人，優越的 CP 值一向是該店的特色。不須花大錢，就可以品嚐到正統的澳門葡國料理，非常適合小資旅行。

　　來到澳門必點的炸馬介休球、木糠布甸、焗鴨飯等等經典葡國料理，在這裡當然都點得到，而店名稱為咖喱屋，該店的咖喱料理自然也是強項。

　　筆者特別推薦的是亞利咖喱屋的「蜜椒豬手」（澳門稱「豬腳」為「豬手」），口感甜甜鹹鹹，非常下飯，搭配的薯條也相當有水準，是亞利咖喱屋系列餐點中，筆者特別偏愛的一道菜。

　　亞利咖喱屋的餐點屬於小家碧玉路線，雖然無太大驚喜之處，但該有的水準不會落差太大，尤其是餐點幾乎都只有其他葡國餐廳的一半價位，加上西灣美景陪襯，因此餐廳人氣總是居高不下。

左／　店家顯眼的綠色外觀。
右上／筆者相當推薦的蜜椒豬手，甜甜鹹鹹的口感非常新奇且美味。
右上／澳門經典葡國菜──炸馬介休球。由鱈魚醃製而成的馬介休，是澳門葡式美食常見的主要食材。

https://pse.is/B2PZB

🏆 特色美食
📍 澳門西灣民國大馬路 4K 號地下
🚌 1. 巴士 6B、9、16、28B 號至「民國馬路」站下車，徒步 1 分鐘。
　　2. 從澳門旅遊塔出發，徒步約 10 分鐘。
🕐 週一至週日 12:30 ～ 22:30
🍴 100 MOP
🈚 無

⑩

新口岸、
南灣

大賽車博物館內展示了多輛珍貴賽車。

簡介

　　新口岸與南灣，都是澳門政府這百年來填海造地、向海爭地的成果。外港碼頭所在的新口岸，又稱為「外港填海區」。1950 年代，澳門政府於新口岸部分路段規劃成賽車跑道，舉辦第一屆澳門格蘭披治大賽車，藉此提升澳門在國際上的知名度與吸引更多觀光人潮。時至今日，澳門已經成為全球少數擁有國際性專業街道賽事的國家。

　　稱為「南灣」的南灣湖一帶，原本真的為一處海灣，但從 1930 年代開始，澳門政府在此填海造地，南灣就變成現今樣貌的人造湖泊——南灣湖。隨著填海工程的完成，外港碼頭、高級飯店、賭場、百貨公司等等各類娛樂設施逐一入駐，新口岸和南灣也成為澳門旅遊業的主要地區之一。

　　一家比一家豪華的賭場酒店，為了招攬旅客，活動表演不斷地推陳出新，許多特殊展演都是免費參觀，熱鬧氣氛成為體驗澳門夜生活的最佳去處之一。澳門賭場酒店中，最具指標的新葡京酒店，即座落於此。

羅保博士街的陳光記燒味飯店，是大排長龍的燒臘名店。羅保博士街與殷皇子大馬路相交，從殷皇子大馬路轉進即可看到陳光記飯店的招牌。

瑪嘉烈蛋塔，必須從巷弄進入才可抵達。在陳光記燒味飯店正對面的小巷就可以進入馬統領圍，品嚐到瑪嘉烈蛋塔。

澳門本島最重要的「亞馬喇前地」巴士站，肩負了澳門本島與其他區域的巴士轉運。夜間的亞馬喇前地，四周可以看到各棟金碧輝煌的飯店賭場與澳門博弈事業的代表地標－新葡京酒店。

「殷皇子馬路」與「中區／殷皇子馬路」也是這個區域的重點巴士站。

京都酒店

英皇娛樂酒店

新葡京酒店

中國銀行

南灣大馬路

殷皇子大馬路

蘇亞利斯博士大馬路

葡京路

賈羅布大馬路

亞馬喇前地

葡京酒店

友誼大馬路

星際酒店

大賽車博物館
漁人碼頭

南灣大馬路上的老牌葡國餐廳－沙利文餐廳。

1A、3、10、10B、28A、28B、28C、29、32號巴士到「高美士／馬六甲街停車場」站，對面大樓是顯眼的金龍酒店。下車後往回走，即可抵達大賽車博物館。

1A、3、10、10B、28A、28B、28C、29、32號巴士到「旅遊活動中心」站下車，對面是旅遊活動中心。大賽車博物館就在旅遊活動中心內。

若是「漁人碼頭會展中心」站的路線無法滿足需求，可以考慮到「友誼馬路／行車天橋」站搭乘，該處有14條巴士路線可供選擇。

利澳酒店處於該區域，巴士路線相當豐富。

畢仕達大馬路

馬六甲街

大賽車博物館

畢仕達大馬路

友誼大馬路

羅理基博士大馬路

澳門理工學院

金蓮花廣場

高美士街

利澳酒店

長崎街

友誼大馬路

孫逸仙大馬路

澳門金沙酒店

澳門漁人碼頭

新葡京酒店
亞馬喇前地

從遠處就可以看到漁人碼頭內各棟特色建築。

外有「漁人碼頭會展中心」站。可從「外港碼頭」站搭乘3A、10A、12號巴士抵達；或從「亞馬喇前地」站搭乘3A號巴士抵達。搭乘3A與10A號巴士可至亞馬喇前地；10A號巴士可延伸至媽閣廟；12號巴士可至盧廉若公園。

大賽車博物館旁是澳門理工學院，是附近較顯眼的地標。

大賽車博物館標示並不顯眼，如果不是從對面馬路觀看，不易發現。

「旅遊活動中心」站下車處就是金蓮花廣場，可穿越廣場徒步前往漁人碼頭。

漁人碼頭對面是澳門金沙酒店。若從金蓮花廣場走向漁人碼頭，可經過蒙地卡羅前地，沿著澳門金沙酒店外圍走向漁人碼頭。

大賽車
博物館

https://pse.is/BS9L9

　　澳門除了世界遺產和賭場外,另一個特色就是擁有國際賽車競賽的主辦權和場地。1993 年,為了慶祝澳門格蘭披治大賽40 週年,於旅遊活動中心內設置了「大賽車博物館」,館內由各方愛車人士無私地捐獻提供,收藏了 20 多輛車壇名將的專屬賽車,還有著名選手使用過的各種物品。

　　館內也藉由文字影像等等媒體,有系統地介紹各個收藏品背後輝煌的歷史,並緬懷每一屆賽事中表現卓越的賽車手以及貢獻良多的幕後英雄。館藏介紹中最引人注目的賽車手就是「舒馬克」(Michael Schumacher),館內收藏了舒馬克年輕時來澳門參賽的青澀模樣以及各項紀錄和用品,這些都是相當難得一見的收藏品。

車神舒馬克的介紹專區。

筆者交通提示

在交通路線中,兩個站牌看起來停靠巴士幾乎一樣,但因為澳門巴士的路線特性,筆者特地將兩路線分別列出。例如同是 1A 號巴士,如果是開往新口岸的路線,只會停靠「旅遊活動中心」站,不會停靠「高美士 / 馬六甲街停車場」站;若是開往筷子基總站,則會是停靠「高美士 / 馬六甲街停車場」站,不會停靠「旅遊活動中心」站。所以若搭乘 1A 巴士,要先注意該車開往的方向。

又或者例如 10 號巴士,以繞圈路線運行,所以總站發車後,會先停靠「高美士 / 馬六甲街停車場」站,再開 13 站後,才到「旅遊活動中心」站。因此要在哪個站下車,要先注意上車站牌是否已經路過其中一個站牌,或者離哪個站牌較近。

如果覺得路線過於複雜、很難釐清的話,最簡單的一個判斷方法,就是搭車時,只要看到即將停靠「旅遊活動中心」站或「高美士 / 馬六甲街停車場」站就可以準備下車囉!

左／ 除了方程式賽車，也有介紹重型機車。
右上／少見的骨董老爺車也有專區介紹。
右下／維修保養也是賽事能順利進行的一環，
　　　在此向許多幕後英雄致意。

　　參觀大賽車博物館，不但可以了解澳門格蘭披治大賽悠久的歷史，還可以看到多輛曾經獲得殊榮的各式賽車，是一個少見且相當有趣的博物館，尤其對愛車人士來說，來到這裡，應該會被各輛閃亮亮的賽車迷得團團轉吧！

　　大賽車博物館的入口旁是葡萄酒博物館，一樣是免收門票、自由進出。裡面介紹了各種釀製葡萄酒的用品，以及各國釀製葡萄酒的歷史，喜歡葡萄酒的人士，相當建議進去參觀。

> ※ **小提醒**：Google Maps 上的巴士站牌標誌地點有誤，巴士「高美士／馬六甲街停車場」站並不是在旅遊活動中心的門口，巴士會經過旅遊活動中心後的下一個路口停車，下車後回頭徒步約 2 分鐘，即可抵達旅遊活動中心。

🏛 特色景點
📍 澳門新口岸高美士街 431 號（澳門高美士街旅遊活動中心內）
🚍 1. 巴士 1A、3、10、10X、10B、23、28A、28B、28C、32 號至「旅遊活動中心」站下車，對面馬路即是旅遊活動中心。
　 2. 巴士 1A、3、10、10B、28A、28B、28C、29、32 號至「高美士／馬六甲街停車場」站下車，徒步約 2 分鐘。
🕙 每日 10:00 ～ 18:00，逢週二休館。（為配合擴建工程，大賽車博物館須暫時關閉直至另行通知。）
💲 免費參觀
🌐 無

澳門漁人碼頭最顯眼的特徵，就是仿羅馬競技場造型的圓形舞台。

園區內多采多姿的異國風情建築，是拍照留念的好地點。

上／澳門漁人碼頭可觀賞到友誼大
橋的夜景，這可是入選澳門八
景的「鏡海長虹」。
下／除了「鏡海長虹」，園區內的
夜景也十分有看頭。

https://pse.is/BUCAB

澳門漁人碼頭

鄰近外港碼頭的澳門漁人碼頭,是一個擁有餐飲、購物、賭場、飯店、會議展覽中心、遊艇碼頭的綜合型休閒娛樂景點。

由於漁人碼頭這幾年屬於重建期,加上四周景點不若其他地區密集華麗,因此雖然離外港碼頭搭巴士只有兩站,但人潮始終不見起色,跟其他地區相比冷清許多。但筆者親身到訪後,發現澳門漁人碼頭實在是個拍照的好地方,不管是攝影同好,或是幫老婆、女友留下倩影,隨處都能取到好景色,非常適合喜歡拍照的女孩們。筆者甚至一度納悶,這麼好的地方,怎麼沒有人來拍婚紗呢?

澳門漁人碼頭充滿多種異國情調,園區內規劃了匯集全球的特色風格,包括羅馬、中東、威尼斯、西班牙、阿姆斯特丹、紐澳良、非洲村等等主題建築。除了園區建築的硬體建設,更可以欣賞到入選澳門八景「鏡海長虹」的友誼大橋夜景,以及穿梭於外港碼頭不斷來回起降的直升機。

澳門漁人碼頭外有「漁人碼頭會展中心」巴士站,有提供 4 路巴士停靠,若路線無法滿足需求,穿越馬路和公園,抵達「友誼馬路 / 行車天橋」站,會有大量巴士路線可以選擇。

若覺得千里迢迢來到這裡,只參觀漁人碼頭有點可惜的話,可以經由穿越金蓮花廣場,抵達澳門旅遊活動中心,參觀大賽車博物館,也不失為一個流暢的行程安排。

🔵 特色景點
🔵 澳門新口岸友誼大馬路及孫逸仙大馬路
🔵 1. 巴士 3A、3AX、10A、12 號至「漁人碼頭會展中心」站下車即是。
2. 巴士 1A、3、3A、10、10B、10X、28A、28B、29、32、56、AP1、N1A 號至「友誼馬路 / 行車天橋」站下車,徒步 5 分鐘。
🔵 開放空間 24 小時開放,店家營業時間各異。
🔵 免費參觀,商店各自收費
🔵 http://www.fishermanswharf.com.mo
FB:https://www.facebook.com/MacauFishermansWharf

https://pse.is/BRET9

上／一年一次的總部開放日，熱鬧非凡。
下／綠廳，為行政長官會見貴賓及訪澳代表團的場所。

筆者交通提示

在交通路線中，澳門特別行政區政府總部，位在「巴掌圍」站和「燒灰爐」站兩個站牌中間，下車點端看哪個站牌先抵達為主。

澳門
特別行政區
政府總部

　　位於南灣大馬路上的澳門特別行政區政府總部（以下簡稱澳門政府總部），擁有令人意想不到的夢幻粉色系外牆，與傳統印象中政府機關死板板的建築外觀迴然不同。

　　澳門政府總部前身為澳門總督府，是葡萄牙統治澳門期間澳門總督的辦公之處。該建築原屬於葡萄牙貴族的住所，後來由澳門總督購入並予以擴建，並將

總督府設立於此。澳門回歸之後，部分行政單位已經遷出，主要功能亦轉變為行政首長接見賓客之用。

　　面向南灣湖的澳門政府總部，以粉紅色系為建築主色調，並以白色勾勒出建築格局，是典型的葡萄牙式建築。總部內部則揉合中西文化，新舊交融，最有特色為綠、黃、藍3個廳，主要功能是供行政長官及各司長會客、舉行會議及宴會之用。

　　後花園則以水池為中心規劃，以放射線設計鋪上葡式碎石，並以自然植物分隔出園區和工作區，也保持視覺的一致性。

　　這棟如童話城堡般美麗的建築，每年10月份會選擇週末，進行2天的對外開放，一般民眾可以在這珍貴的2天內免費入府參觀。每當澳門政府總部開放時，附近的景點也都會放置總部開放的訊息，來澳門旅遊時，若有看到相關宣傳，一定要把握這個一年一次千載難逢的好機會，畢竟錯過這次，就要再等一年囉！

特 特色景點
地 澳門南灣大馬路 131 號
交 1. 巴士 6B、9、9A、16、23、28B、32、N2 號至「巴掌圍」站下車，往南徒步 2 分鐘。
　 2. 巴士 6B、9、9A、16、18、23、28B、32、N2 號至「燒灰爐」站下車，往北徒步 2 分鐘。
時 每年 10 月份不定期舉辦開放日。
費 免費參觀
網 http://www2.gcs.gov.mo/openday

上／藍廳是舉行宴會等活動的場所，以葡萄牙特產青花瓷磚及鑲藍地毯裝飾，氣派典雅。
下／因為開放日而特別裝飾的花園，看來生氣勃勃、綠意盎然。

新葡京酒店

https://pse.is/BSEPU

　　2008 年開幕的新葡京酒店，歷經 10 個年頭，即使許多更大更豪華的賭場飯店如雨後春筍般落成，仍無法取代它身為澳門賭場酒店的指標性地位。

　　新葡京酒店是僅次澳門旅遊塔的第二高建築物，走在澳門本島或者準備進入澳門，只要抬頭皆能看到那火炬般的顯眼外貌。雖然為澳門指標性賭場飯店，但可惜沒有提供機場接駁車的服務，不

特 特色景點

地 澳門葡京路 2-4 號

交 1. 巴士 9、9A 號至「葡京路」站下車，下車即是。

　　2. 巴士至「亞馬喇前地」站下車，徒步 2 分鐘。（路線超過 50 條）

時 24 小時開放

費 免費參觀

網 https://www.grandlisboahotels.com/zh-hant

左／夜間光彩奪目的新葡京酒店。
右／氣派豪華的大廳。

左／圓明園十二獸首之一的馬首。
右／極盡奢華能力的各類收藏品。

過新葡京酒店前方，徒步距離約 2 分鐘的亞馬喇前地是澳門最大的巴士站牌集中地，超過 50 條路線的巴士會在此停靠，因此前往新葡京酒店，依然是十分便利。

新葡京酒店的 1 樓大廳，除了華麗的裝飾外，最引人注目的就是各類金光炫目的收藏品，其中最有來頭的，當然是圓明園十二獸首之一的馬首。其他如用玉雕刻而成的萬里長城、用黃金打造的龍船，每項稀世珍品，都讓人驚訝其精緻的工藝與無法想像的價位。

新葡京酒店不但是高級飯店，還擁有高達 4 層樓的專業賭場。小賭怡情，不賭也可以看看熱鬧。賭場 2 樓提供專業的舞蹈表演，舞者們的賣力演出讓筆者看得瞠目結舌，尤其不少舞蹈是加上特技的高難度演出，充滿力與美的結合。著實佩服外國舞者們在用盡力量的同時，還能擺出優雅的姿勢和燦爛的笑容。

澳門的賭場中，筆者認為新葡京酒店是對待來賓最大方的賭場，不但可以免費看秀，還有點心飲料可以止渴解饞。許多賭場可能只提供免費瓶裝水，但新葡京酒店不只瓶裝水，還有五六種冷熱茶飲以及小點心會隨著餐車發送。

除了華麗的大廳、大開眼界的賭場，新葡京酒店還入駐了多間獲選米其林星等評價的餐廳，包括米其林最高等級的「天巢法國餐廳」和粵菜「8 餐廳」，還有不少特色美食可以細細品嚐。

🍴 美食推薦：沙利文餐廳

　　營業超過 50 年的沙利文餐廳，內部依然保持著典雅悠閒的葡式裝潢風格。服務人員就像溫和親切又優雅的老派紳士，不論是帶位或介紹餐點，態度從容卻不隨便，從每個細節都可以感覺出他們受過嚴格的餐桌禮儀專業訓練。這種優雅卻不奢華的用餐氛圍，彷彿回到幾十年前的西餐廳。

　　這裡最有名的餐點是獨家改良的「非洲辣雞」，原本非洲雞的做法是乾烤料理，沙利文改良為濕烤處理，不但保持了這道料理的特色，又改善因烘烤而乾澀的口感，使雞肉更為鮮嫩多汁。

　　沙利文的非洲辣雞和筆者之前品嚐過的幾間餐廳，口感略有不同，東南亞風味更為強烈，椰漿酸甜綜合，多層次的豐富口感，可以感覺得出廚師運用了非常多種的香料，很有特色。配菜則使用了脆小黃瓜、馬鈴薯、橄欖。濃濃椰香味的醬汁，辣辣甜甜，口味辛辣卻不刺激，配上白飯更是十足開胃！

　　沙利文的澳門經典甜點——木糠布甸，口感綿密，餅乾粉末又鬆又香，吃一口就口齒留香，用叉子稍微一撥，還可以一層一層分開來吃，可見他們在這道經典甜點上，也下了不少工夫！

　　在知名葡國菜九如坊和新帆船相繼歇業後，沙利文不失為品嚐道地葡國菜的好餐廳！

https://pse.is/BFSUX

🍴 特色美食
📍 澳門南灣大馬路 512 號
🚌 1. 巴士 2、5、6A、16、28B 號至「南灣大馬路 / 時代」站下車，徒步 2 分鐘。
　 2. 巴士 2、3A、5、5AX、8A、10、10A、11、21A、26A、33、N1A、N3 號至「中區 / 殷皇子馬路」站下車，徒步 2 分鐘。
　 3. 巴士 3、3A、3X、10、10A、10B、11、21A、26A、33、N1B、N3 號至「殷皇子馬路」站下車，徒步 2 分鐘。
　 4. 新葡京酒店往西，徒步約 5 分鐘抵達。
　 5. 民政總署往東，徒步約 5 分鐘抵達。
　 6. 澳門特別行政區政府總部往北，徒步約 5 分鐘抵達。
🕐 週一至週日 11:00 ～ 22:30
💰 200 ～ 300 MOP
🌐 https://www.facebook.com/solmar.macau/

左／　位於南灣大馬路上的沙利文餐廳入口。
右上／沙利文的獨家非洲辣雞，有別於其他葡國餐廳的乾烤處理，濕烤的料理手法讓這道餐點更為美味。
右下／經典甜點木糠布甸，以餅乾細屑和冰淇淋層層疊壓而成，是來葡式餐廳必點的甜點！

美食推薦：陳光記燒味飯店

https://pse.is/BU9EV

位於新葡京酒店和議事亭前地中間的陳光記燒味飯店（以下簡稱陳光記），是人氣爆表的網路名店，一到用餐時間，絕對是大排長龍。筆者在中午 11 點抵達用餐，雖然不用排隊，但店內已經座無虛席，大家都要併桌用餐。擁擠程度是連揹著包包都略感行走困難，所以千萬不要拖著行李箱前來用餐啊！

陳光記是道地的平價燒臘餐館，進入餐廳後要自行找尋空位坐下，菜單只有在牆上，自己觀望之後再找店員點餐。點餐之後，店員會留下 1 張寫了 2 個數字的紙條，上面也就是點餐的金額，用餐完畢再拿著紙條自行結帳。

陳光記最有名的是「黑椒燒鵝」和「燒鴨」，可以單點亦可搭配飯、麵。筆者品嚐了黑椒燒鵝麵後，個人覺得湯頭混入了黑椒醬，造成整個麵的口感過鹹，而黑椒燒鵝因為泡在湯裡，味道也被沖淡，或許點飯會是比較好的選擇。

除了黑椒燒鵝，筆者相當推薦綜合了叉燒、燒鴨和燒肉的三拼麵。叉燒厚實，且有煙燻香味；燒鴨表現更是令筆者驚豔，入口香味四溢，鴨皮薄脆，鴨肉彈牙；燒肉則是油脂密布，瘦肉較少。因此筆者覺得，燒鵝雖然入味，但是比不上燒鴨的香，而肉質的表現，也沒有燒鴨來得優異。

想嚐嚐與台灣燒臘口味不同的道地廣東燒臘，陳光記是個地點和價位都很不錯的選擇。不過澳門的燒臘店跟香港一樣，都只有肉和白飯，是沒有配菜的喔！

⊕ 特色美食

地 澳門羅保博市街 19 號地下

交 1. 巴士 2、5、6A、16、28B 號至「南灣大馬路 / 時代」站下車，徒步 2 分鐘。

2. 巴士 2、3A、5、5AX、8A、10、10A、11、21A、26A、33、N1A、N3 號至「中區 / 殷皇子馬路」站下車，徒步 2 分鐘。

3. 巴士 3、3A、3X、10、10A、10B、11、21A、26A、33、N1B、N3 號至「殷皇子馬路」站下車，徒步 2 分鐘。

4. 新葡京酒店往西，徒步約 5 分鐘抵達。

5. 民政總署往東，徒步約 5 分鐘抵達。

時 週一至週日 09:00 ～ 01:00

費 40 ～ 110 MOP

網 無

上／陳光記招牌之一──黑椒燒鵝麵。
下／筆者非常推薦的三拼麵，尤其是那又脆又嫩的燒鴨。

中午 12 點離開時，排隊人潮一路由店內排到馬路外。

美食推薦：瑪嘉烈蛋塔

澳門最有名的葡式蛋塔源自葡萄牙里斯本，經過甜點師傅安德魯改良後，搖身一變成為澳門最具代表性的甜點。

https://pse.is/BR47L

位於陳光記燒味飯店對面巷子走進去的瑪嘉烈蛋塔，可稱為葡式蛋塔的代表之一，與遠在路環的「安德魯餅店」，並稱澳門兩大蛋塔名店，支持者與評價不相上下，平分秋色。這兩間最有人氣的蛋塔店，其實系出同門，瑪嘉烈的創始者，就是安德魯先生的前妻瑪嘉烈女士。

由於瑪嘉烈蛋塔有著金黃色的外皮、表面焦黑斑點的金黃內餡、軟綿濕潤的特色口感、可頌麵包般的酥脆外皮，色香味一應俱全，加上店鋪位址位於澳門本島熱鬧之處，人氣不斷高漲，更吸引肯德基前來合作，引進台灣市場。當年在台灣曾轟動一時，也颳起一陣蛋塔旋風。

雖然現在台灣也可以吃到口感、品質不錯的葡式蛋塔，但既然都來到了葡式蛋塔發源地的澳門，當然要來品嚐一下正統的口感囉！

特色美食

地 澳門新馬路馬統領圍金來大廈 17B 地下

交 1. 巴士 2、3A、5、5AX、8A、10、10A、11、21A、26A、33、N1A、N3 號至「中區 / 殷皇子馬路」站下車，徒步 1 分鐘。

2. 巴士 3、3A、3X、10、10A、10B、11、21A、26A、33、NB、N3 號至「殷皇子馬路」站下車，徒步 1 分鐘。

3. 巴士 2A、7、12 號至「約翰四世大馬路 / 馬統領街」站下車，徒步 1 分鐘。

3. 陳光記飯店的對面巷子內，徒步約 1 分鐘抵達。

4. 新葡京酒店往西，徒步約 5 分鐘抵達。

5. 民政總署往東，徒步約 5 分鐘抵達。

時 每週一至週日 08:30 ～ 18:00，週三公休。

10 MOP

無

現吃的葡式蛋塔，果然美味。

上／小小的店內除了蛋塔，也有販售一些三明治和麵包，但大部分民眾還是沖著蛋塔而來。
下／店外擺設了用餐區，可以在此歇息品嚐。

11

東望洋山、
三盞燈與沙梨頭

六記粥麵

大記粥麵 Lok Kei

往巷內看就可以看到明亮的大招牌。

水上街市

3　4　6A

要前往六記粥麵，可以搭乘巴士1、3、4、6A、26A、33、101X、MT4、N1A號至「水上街市」站下車，往回走徒步約1分鐘即可抵達。

粉紅外牆的東方基金會入口。東方基金會大門的右邊，就是基督教墳場。

沙梨頭海邊街

魚鱗巷

魚鱗巷

麻子街

BUS

玉盞巷

N

爹美刁施拿地大馬路

仁慕巷

BUS

沙梨頭海邊街

米麵陵粥

從沙梨頭海邊街彎進仁慕巷，就可以看到騎樓下坐滿用餐民眾。由於這個區域多為住家，且一般店家也僅營業到傍晚，因此到了晚上，從大馬路看進巷內，特別的熱鬧。

白鴿巢前地

48　18A　19

東方基金會與聖安多尼教堂中間，有「白鴿巢前地」巴士站。此處是巴士密集的地方，可搭乘8A、18、18A、18B、19、26號巴士至此，但可惜無法在此搭乘巴士至其他景點。

東方基金會

白鴿巢公園

魚鰓巷

叢慶北街

海邊新街

3　3X　6A

26　26A

前往六記粥麵，可搭巴士1、3、3X、6A、16、26、26A、33、101X、MT4、N1B號至「海邊新街」站下車，往前徒步約1分鐘即可抵達。

洞穴巷

白鴿巢前地

BUS

巴素打爾古街

十月初五街

工匠街

魚鰓巷

TRAVESSA DA GUELRA

由於這邊靠近碼頭，不少巷名會跟漁業或海洋生物相關。發現特殊的路名，也不失為散步的樂趣。

聖安多尼教堂位於東方基金會的南側，沿著花王堂街，可走回大三巴牌坊。

花王堂街

聖安多尼教堂

照片中鮮紅色建築為紅街市，旁邊的鵝黃色建築，牆上大大寫著「龍華茶樓」四字。

龍華茶樓附近巴士站牌，徒約2分鐘皆可抵達：

❶ 巴士 6A、23、32、N2號至「高士德 / 紅街市」站下車。

❷ 巴士 7、16號至「雅廉訪 / 聖心」站下車。

❸ 巴士 1、3、3X、4、5、5AX、8、8A、9、9A、16、17、26、26A、28C、32、33、N1B、N2號至「提督馬路 / 雅廉訪」站下車。

❹ 巴士 1、3、6A、26、26A、33、N1A號至「提督 / 紅街市」站下車。

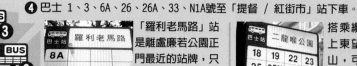

「羅利老馬路」站是離盧廉若公園正門最近的站牌，只提供8A一條路線。

搭乘纜車上東望洋山，可搭乘巴士：2、2A、6A、12、17、18A、18、18B、19、22、23、25、25B、32、56號至「二龍喉公園」站。

藍色建築是社會工作局，對面「社會工作局」站，是離瘋堂斜巷最近的站牌，但只提供7、8號兩條路線。

這棟白色建築為塔石體育館，提供：2A、7、8、8A、9、9A、12、18、18B、22、25、25B號巴士路線停靠。

巴士「盧廉若公園」站下車後，沿著黃色圍牆往回走，可以抵達正門。

下車後往前直走約1分鐘，即可抵達二龍喉公園。

仁慈堂婆仔屋，是瘋堂斜巷中重要的文創基地。

瘋堂斜巷的精神象徵-望德聖母堂。

塔石廣場四周的建築，相當有特色。

進入二龍喉公園不遠，就可以看到纜車搭乘處。

瘋堂斜巷中有許多這類特色建築。

穿過華士古達嘉馬花園，走進若翰亞美打街，即可看見許多配色鮮艷的建築，就表示快接近瘋堂斜巷了。

從東望洋山沿著東望洋斜巷下山，接近市區時會看到華士古達嘉馬花園。

東望洋酒店對面的「得勝斜巷」巴士站，是離東望洋山燈塔最近的巴士站，提供6A、28C、H1三路巴士停靠。

登上東望洋山，沿著東望洋燈塔指標即可抵達東望洋山頂的教堂與燈塔。

龍華茶樓

高士德大馬路

盧廉若公園

羅利老馬路

飛利喇亞美打大馬路

士多鳥拜斯大馬路

塔石廣場

西墳馬路

美珊枝街

瘋堂斜巷

和隆街

望德新街

若翰亞美打街

得勝馬路

得勝斜巷

東望洋山

東望洋斜巷

東望洋酒店

東望洋山炮台的燈塔，也屬於世界遺產之一。

簡介

俗稱「松山」的東望洋山，是澳門半島的最高山丘，東望洋山的名稱是對應於西望洋山而來。東望洋山上有遠東地區最古老的燈塔，澳門的經緯度也是根據這座燈塔而被標註，可見東望洋山燈塔的指標性。因此，東望洋山上的炮台和燈塔，也一併入選為澳門世界遺產之中。

東望洋山下即是近幾年大力發展文創的「瘋堂斜巷」，以及澳門文化重鎮的「塔石廣場」。除了世界遺產和新起的文創園區，每年一度的澳門格蘭披治大賽車，會繞著東望洋山腳競速，刺激非凡。

從東望洋山經過塔石廣場和瘋堂斜巷，一路往北即可抵達充滿巷弄美食的「三盞燈」。途中還可免費參觀澳門唯一的蘇州園林花園——盧廉若公園。

三盞燈的全名為「嘉路米耶圓形地」，是不少緬甸華僑聚居於此的一個圓形廣場，因廣場中央有一燈柱，有三燈於其上，所以澳門民眾皆以「三盞燈」稱呼此區。這裡也被稱為澳門東南亞美食集中地，來到三盞燈，別忘了到澳門僅剩的老茶樓「龍華茶樓」走走喝杯茶喔！

從三盞燈往西走，便會繞到大三巴牌坊的後面，這整個區域俗稱「沙梨頭」，「東方基金會會址」與「基督教墳場」兩個世界遺產也座落於此。沙梨頭是一般觀光客較少會前往的區域，這裡過去是一個普通的漁村，隨著時代演變，現為當地居民的商業街。這裡的觀光氣息較為淡薄，是一覽澳門居民真實生活的好地方，漫步其中留心觀察，也許能察覺到觀光行程之外的驚喜喔！

https://pse.is/BSET4

東望洋炮台
(包括聖母雪地殿聖堂及燈塔)

上／東望洋山頂雪白的燈塔與聖母雪地殿聖堂。
下／位於山腳二龍喉公園入口的松山纜車搭乘處，是世界上最短的纜車。

　　與西望洋山遙遙相望的東望洋山，是澳門最高的山丘。屹立在山頂的東望洋炮台，可以俯瞰整個澳門半島，有效掌握整個海域的安全和監控外來入侵者行蹤。

　　東望洋炮台上建有雪白的東望洋燈塔及聖母雪地殿聖堂。鵝黃色的線條點綴著圓柱形雪白塔身的東望洋燈塔，是中國沿海地區最古老的現代化燈塔，更是進入珠江的重要地標。

　　過去航海雷達尚未普及之前，東望洋燈塔綻發出的光芒，帶領無數船隻平安進入珠江。澳門在世界地圖上的經緯座標，就是以燈塔的

座標定位。燈塔平時並無開放，只有一年一度的「港務局日」才會開放民眾進入參觀。

燈塔側邊有座建於 1622 年的聖母雪地殿聖堂，葡萄牙修院特色的教堂內，繪有融合中西藝術繪畫技巧的彩色壁畫，是一座相當罕見的教堂。

除了聖母雪地殿聖堂本身的藝術價值外，還傳說著一個小故事。據說教堂落成之時，正值荷蘭人入侵澳門，在槍林彈雨之中，聖母顯現神蹟，從教堂內現身，以自己的斗篷來抵擋敵軍的槍砲攻擊，以免無辜民眾受到波及。

東望洋山頂上的燈塔、炮台與聖母雪地殿聖堂，共同入選為澳門世界遺產，更是澳門八景之一。

要登上東望洋燈塔，有 2 條路線可以上山。一是搭巴士抵達「得勝斜巷」站下車，一路依著指標上坡，即可抵達燈塔。這條路線較近，但必須一路徒步上山，較為累人。亦可搭巴士抵達「二龍喉公園」站下車，轉搭乘松山纜車上山。這條路線較為輕鬆，且巴士路線選擇較多。不過離開纜車後，需要沿著平面步道走上一大圈，才會抵達東望洋燈塔。

筆者建議，可以搭纜車上山，參觀完燈塔後，徒步下山，即可一路前往充滿文藝氣息的瘋堂斜巷和塔石廣場。

🏛 世界遺產
📍 東望洋山
🚌 1. 巴士 6A、28C、H1 號至「得勝斜巷」站下車，一路徒步上坡抵達燈塔。
　2. 巴士 2、2A、6A、12、17、18、18A、18B、19、22、23、25、25B、32、56 號至「二龍喉公園」站下車，徒步約 1 分鐘抵達松山纜車，搭纜車上山，徒步約 15 分鐘至燈塔。
🕐 聖母雪地殿聖堂　10:00 ～ 18:00（17:30 分停止入場）
　炮台　09:00 ～ 18:00
　燈塔不對外開放
　纜車　08:00 ～ 18:00，週一公休，如週一為公眾假期或免上班日，則順延至翌日休息。
💰 山上景點免費參觀，纜車單程 2 MOP，往返 3 MOP。
🌐 無

上／在尚未有高樓大廈的年代，位於山頂的炮台能夠將海面的狀況一覽無遺地納入掌控。
下／澳門八景中的「燈塔松濤」，指的就是東望洋山頂的燈塔和炮台。

瘋堂斜巷

🔵 特色景點
🔵 澳門瘋堂斜巷
🚌 1. 巴士 7、8 號至「社會工作局」站下車，
   徒步約 1 分鐘。
2. 巴士 28C、H1 號至「東望洋斜巷」站下
   車，徒步約 2 分鐘。
3. 巴士 2A、7、8、8A、9、9A、12、18、
   18B、22、25、25B 號至「塔石體育館」
   站下車，徒步約 2 分鐘。
🕐 24 小時開放空間，各展覽場所的開放時間
   因場所而異。
💰 免費參觀
🌐 http://www.10fantasia.com

https://pse.is/BSMXW

　　鋪著經典葡式馬賽克的碎石步道，紅黃白三色相間、鱗次櫛比的歐式別墅，這個充滿南歐風情的瘋堂斜巷，是澳門文化產業近年來大力發展的新興文創景點。

　　澳門政府以瘋堂斜巷為主軸，將此規劃為文創發展基地，尤其是瘋堂斜巷中的「仁慈堂婆仔屋」、「瘋堂十號創意園」等文創園區的成立，更成為藝術愛好者的必訪之地。

俗稱「瘋堂」的望德聖母堂，是澳門三大古老教堂之一。

左／　婆仔屋文創空間，是瘋堂斜巷的重要文創據點。
右上／色彩鮮豔繽紛的瘋堂斜巷，也是遊客拍照的好地方。
右下／極具特色的巷名。

　　瘋堂斜巷內的「婆仔屋」（瘋堂斜巷8號），是兩幢已有百年歷史的黃色葡式建築，庭院內矗立著兩棵大樟樹。據說這裡曾經是老人院，且住院者皆為婆婆而得名。澳門政府有計畫地扶植創意產業，而婆仔屋就是主軸基地之一，因此許多澳門藝文工作者皆會聚集於此，定時舉辦藝術展覽或者發表會，讓大家感受到澳門在地無限創意與藝文風情。

　　而瘋堂斜巷這個特別名稱的由來，是因為距今500多年前，在望德聖母堂旁有一座痲瘋病院，在醫療知識不普及的年代，人們對痲瘋病患者避之唯恐不及，便俗稱望德聖母堂為「瘋堂」，望德聖母堂前的斜坡路便稱為「瘋堂斜巷」。隨著時代演變，痲瘋病院早已不復存在，但為了紀念亞洲歷史上第一所傳染病醫院曾經座落於此，於是將望德聖母堂附近5條道路，皆冠以瘋堂開頭的街名。

　　來到瘋堂斜巷，可以感受有形的異國情調建築，又可以吸收無形的文創能量，尤其是人潮並不擁擠，所以散步在此，也是一種相當愜意的行程。

澳門最大廣場的塔石廣場。

塔石廣場

https://pse.is/BRVRZ

　　塔石廣場是一個充滿南歐風情的休憩廣場，地面鋪滿葡式碎石，四周豎立了8幢兩層樓的歐式洋房。這八幢建築是澳門新古典主義風格影響下最有代表性的建築群，被稱為「八間屋」。這八幢建築中，有數棟現今為政府單位，例如文化局大樓、塔石衛生中心、澳門中央圖書館、澳門檔案館、塔石藝文館，成為老建築活用的最佳範例，不僅保留下珍貴古蹟，更可以美化城市景象。

　　原址為塔石球場的塔石廣場，由於澳

特 特色景點

地 澳門肥利喇亞美打大馬路

交 1. 巴士2、4、18A、19號至「塔石廣場」站下車即是。

　　2. 巴士2A、7、8、8A、9、9A、12、18、18B、22、25、25B號至「塔石體育館」站下車，斜對面馬路即是。

　　3. 巴士7、8號至「高美士中葡中學」站下車，徒步約2分鐘。

時 24小時開放空間

費 免費參觀

網 無

門政府以整合塔石和望德堂兩個區域為目標，期待這裡成為澳門發展文創的新地標和新興旅遊景點。於是在 2005 ～ 2007 年間，將原本球場拆卸，並與部分對外馬路整合，成為現今所見的塔石廣場，亦成為澳門最大的廣場。

寬闊的塔石廣場，是除了議事亭廣場外，另一個舉辦大型活動的場地。包括年宵市場、新春藝墟等都曾於此舉辦。尤其從塔石廣場完工的隔年 2008 年開始，澳門文化局便在此處舉辦「塔石藝墟」活動，招募來自澳門、香港、台灣、韓國、東南亞等地的文創業者參加，是澳門最大型的文創產品綜合展示和銷售平台，並同場舉辦音樂演出，營造出視覺與聽覺雙重饗宴。（塔石藝墟活動詳情可瀏覽「藝墟」臉書專頁 www.facebook.com/MacaoCraftMarket）

不過，美輪美奐的塔石廣場在當地居民口中，也曾流傳過一段繪聲繪影的鬼故事。在二次大戰期間，因為戰爭的緣故，造成澳門大量人口死亡，在墳地不足的情況下，當時的澳門政府決定將當時是一片沙地的塔石廣場改為亂葬崗，以容納大量的屍體。

戰爭結束之後，澳門政府決定重建此區域，原本想要在這片沙地興建高樓大廈，但由於施工時間靈異事件不斷，導致人人恐慌，於是決定改建為塔石球場，讓此地長期接受陽光照射，以驅散怨氣。這段流傳的背景故事，也讓塔石廣場多增添了一些話題和神祕氣氛。

左／塔石廣場中充滿古典氣息的
　　文化局。
右／塔石廣場的四周皆是繽紛的
　　紅黃搭配歐式建築。

盧廉若公園

盧廉若公園是澳門唯一具有中國蘇州園林風韻的名園，曾被稱為澳門三大名園之一，也是澳門八景之一。盧廉若公園原屬 19 世紀澳門富商盧廉若家族所有，盧家沒落後，由澳門政府收購，重新修葺，免費開放為大眾遊憩場所。

公園麻雀雖小，五臟俱全，猶如縮小版的「蘇州獅子林」。園內亭台樓閣、曲徑迴廊、竹林石山、荷塘流水，充滿江南風味。筆者原以為僅是個小小的公園，沒想到進入之後，處處精美，讓筆者大為驚嘆。

以接待客人為主要用途的春草堂為園內

https://pse.is/BHP9W

特 特色景點
地 澳門羅利老馬路 10 號
交 1. 巴士 8A 號至「羅利老馬路」站下車，徒步約 1 分鐘。
　2. 巴士 2、2A、5、9、9A、12、16、22、25、25B、28C、N2 號至「盧廉若公園」站下車，徒步約 2 分鐘。
時 06:00 ～ 21:00
費 免費參觀
網 無

將江南風情與西洋建築完美結合的盧廉若公園。

上／入園之後，眼前有一月洞門，上面書寫著「屏山鏡海」。
下／園區內布滿假山奇石，猶如縮小版的蘇州獅子林。

主建築，園內的布置建設，皆以其為中心規劃，因此從春草堂往外觀看，能欣賞到最好的景觀。春草堂雖然有個濃濃中國風的名稱，建築結構也是東方風格，但外牆和細節裝飾，依然是呈現了中西交融的特色。

春草堂採用了葡式風格的鵝黃色外牆，並以白色線條加以勾勒。廊柱則採取哥德式建築形式，並在柱頂以歐式花紋修飾。而在走廊外部的圍欄座椅，卻是採用鮮紅的中式風格。此兩者既不衝突，又可化解西式列柱的嚴肅感。

來到盧廉若公園，還有一個樂趣所在，就是可以完全融入澳門當地居民的生活中。公園內的涼亭，可以看到婆婆阿姨們在唱著廣東大戲，另一角則是爺爺們三五聚集在下象棋，也有不少年輕夫婦帶著小孩在這邊玩耍散步。這裡與觀光客密集的議事亭前地區域氛圍截然不同，來這裡歇歇腳，享受片刻悠閒時光，這也是種不錯的體驗。

要抵達盧廉若公園，最近的巴士站牌為「羅利老馬路」，下車後往前走不到1分鐘就是公園入口，但可惜只有8A一條路線。而站名為「盧廉若公園」的巴士站牌，則是下車後須往回走，沿著黃色圍牆前進，轉過轉角即是入口。

園內主建築——春草堂。

東方基金會會址在週六、日與
國定假日都沒有對外開放，要
注意時間囉！

https://pse.is/B5YG8

東方基金會會址
與基督教墳場

　　距離大三巴牌坊（P118）僅有 5 分
鐘腳程的白鴿巢前地，周圍共有 3 個世
界遺產，除了聖安多尼教堂（P124），
還有「東方基金會會址」與「基督教墳
場」。

　　東方基金會會址建於 18 世紀後期，
原為葡國皇族的別墅，幾經變更後，現
為東方基金會澳門辦事處所在地。外觀
以白色為主體，佐以紅色線條勾勒的東
方基金會會址，可能是澳門首幢別墅式
花園的豪華住宅。而擁有這棟建築的葡
國皇族，因為喜歡養鴿子，因此周圍皆

上／澳門第一座花園式建築豪宅。
下／墳場內是當年許多名流人士長眠之處。

基督教墳場內的馬禮遜小教堂。

以「白鴿巢」為命名，例如「白鴿巢公園」與「白鴿巢前地」。

在東方基金會會址側邊的基督教墳場，墳場內仿羅馬建築風格的馬禮遜小教堂，不僅是澳門最古老的基督教教堂，亦是中國境內的第一所基督教教堂。

這個基督教墳場的出現，是由於天主教徒不允許新教徒與其共用墳場，中國人也不允許外國人埋葬在自己的生活圈中，因此由英國東印度公司於 1821 年建立此墳場，以解決新教徒長眠之處的問題。此墳場於 1857 年後，就已經停止使用，因此已經不會再埋入任何往生者，並將當時樣貌保留至今。

🏛 世界遺產

📍 澳門白鴿巢前地

🚌 1. 巴士 8A、18、18A、18B、19、26 號至「白鴿巢前地」站下車，徒步約 1 分鐘。

2. 巴士 17 號至「白鴿巢總站」站下車，徒步約 1 分鐘。

3. 從聖安多尼教堂出發，徒步約 2 分鐘。

4. 從大三巴牌坊出發，徒步約 5 分鐘。

🕐 東方基金會會址 09:30 ～ 18:00，週六、日及公眾假期休息。
基督教墳場 08:30 ～ 17:30

💰 免費參觀

🌐 無

🍽️ 美食推薦：龍華茶樓

https://pse.is/BS42N

鵝黃色外牆上書寫著「龍華茶樓」，隔壁就是整棟通紅的「紅街市」市場，十分顯眼。

上／一壺熱茶、四籠小點，感受一下早茶風味。
下／這裡取餐為自助式，但是一進來老闆會先招呼你來選茶，茶名用毛筆字寫在紅紙上，選定後老闆就會將沏好的茶送上桌。

　　來到三盞燈，絕對不能錯過的就是到龍華茶樓來份粵式早茶！尤其三盞燈區域觀光客稀少，來這裡享用早茶，更有融入當地生活的感覺！ 1962 年就開始營業的龍華茶樓，是澳門現存唯一一家還保留原貌的傳統茶樓，也曾經獲得米其林的美食推薦。

　　位在顯眼地標「紅街市」市場旁的龍華茶樓，營業時間只到下午 2 點。茶樓內充滿復古風味，牆上有著滿滿的字畫相片，天花板還掛著吊扇。這裡沖茶取點心都採自助，來客自行找位坐下後，至樓梯口旁的推車上，自行取用各式小點。

　　來到龍華茶樓這間道地粵式茶餐廳，當然一定要嚐嚐「鳳爪」、「燒賣」、「豆鼓排骨」等等港式小點。這裡的鳳爪一咬全散，還帶點微微的咖哩香；燒賣和腐皮蒸魚丸內餡飽滿，料多紮實，每盤看起來只有少少三四顆，但吃完飽足感十足！豆鼓排骨肉質軟嫩，略帶甜味，也是非常順口。

　　龍華茶樓除了港式小點，也可以單點主食，各類飯麵、干炒牛河等主食皆有提供。不過依筆者的食量，港式小點都沒有吃完一輪，其實就已經飽了，只好待下次再來品嚐店家的主食工夫。最後用餐結帳時，老闆還會送以店內景象做成的明信片，以茲紀念喔！

🟠 特色美食

🟠 澳門筷子基罅些喇提督市北街 3 號

🟠 1. 巴士 6A、23、32、N2 號至「高士德／紅街市」站下車，徒步約 2 分鐘。

　 2. 巴士 7、16 號至「雅廉訪／聖心」站下車，徒步約 2 分鐘。

　 3. 巴士 1、3、3X、4、5、5AX、8、8A、9、9A、16、17、26、26A、28C、32、33、N1B、N2 號至「提督馬路／雅廉訪」站下車，徒步約 2 分鐘。

　 4. 巴士 1、3、6A、26、26A、33、N1A 號至「提督／紅街市」站下車，徒步約 2 分鐘。

🟠 每日 07:00 ～ 14:00

🟠 80 MOP

🟠 無

🍽️ 美食推薦：六記粥麵

https://pse.is/BS2HD

位於沙梨頭的六記粥麵地點偏僻，附近並無著名景點，也無熱鬧繁華的商業區，但憑著口耳相傳以及米其林推薦餐廳的認證，店內依然高朋滿座，是一間挑戰饕客決心的巷弄美食！

營業 60 餘年的六記粥麵，以傳統手打「竹昇麵」為主，廣東煲粥也相當有名，各類炒粉炒麵、小食點心皆有，幾乎澳門道地料理來這裡都可以一網打盡，加上營業時間是從下午 6 點半到清晨 2 點半，所以整個晚上都相當適合來大打牙祭。

由於店內的餐點選擇眾多，菜單有將幾樣比較熱門的餐點以圖片展示，包括「蝦籽撈麵」、「水蟹粥」、「馳名滷水鳳爪大腸」、「沙嗲車子拼盤」（咖哩醬的滷味拼盤）、「炸鴛鴦」（把炸餛飩和米通鯪魚球合成一盤）等等。而這裡有提供小分量的「水蟹粥」，方便一兩人食用。

其中筆者特別推薦「米通鯪魚球」和「乾炒牛河」。魚丸Q彈紮實、酥脆又有嚼勁；而乾炒牛河這道粵菜著名小吃，則是炒得火候適當，又香又滑，每條河粉沾醬均勻，爽口不油膩，筆者大推。

不過用餐時間，店員忙碌時可能會疏於招呼，如果就坐很久都沒人前來點餐，或者說稍等稍等卻一直等不到，可以直接到櫃檯點餐，能省下不少時間啦！

🅣 特色美食
🅜 澳門沙梨頭仁慕巷 1 號 D 地下
🅧 1. 巴士 1、3、3X、6A、16、26、26A、33、101X、MT4、N1B 號至「海邊新街」站下車，徒步約 1 分鐘。
　 2. 巴士 1、3、4、6A、26A、33、101X、MT4、N1A 號至「水上街市」站下車，徒步約 1 分鐘。
🅣 每日 18:30 ～ 02:30
🅢 50 MOP
🅦 無

上／澳門著名水蟹粥，燉到如米水一般看不見米粒，加上辣油一起吃，口感也不錯。
下／筆者相當推薦的廣東平民小吃「乾炒牛河」。

一到營業時間，店內馬上坐滿人的六記粥麵。

「米通鯪魚球」口感極佳，且這種魚丸在台灣相當少見。

將充滿熱情的文創生命力，導入瘋堂
斜巷中的老建築，是澳門老社區重新
活化的最佳代表。

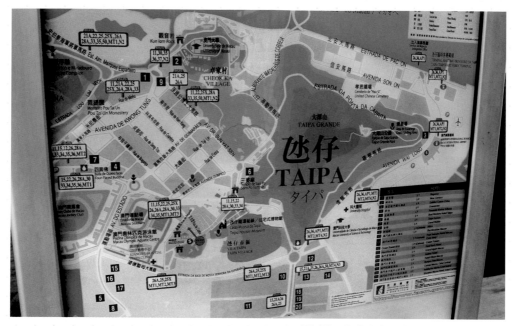

在氹仔街口都能看到巴士指標的地圖,非常實用。

簡介

　　氹仔(氹,注音:ㄉㄤˋ)為澳門的一座小島,位於澳門半島以南、路環島以北。與澳門半島以3座大橋連接,與路環島之間則因為填海造地而相連。氹仔雖是一小小離島,卻是澳門的重要交通樞紐,澳門國際機場和氹仔客運碼頭便座落於此。

　　氹仔的葡萄牙文名稱為「Taipa」,這個名稱的起源有多種說法:一說是因為氹仔的閩南語唸法為「潭仔」,葡萄牙文便演變為「Taipa」。另一說法是葡萄牙人登陸時,向當地人詢問地名,當地居民誤以為葡萄牙文的「Nome」(名稱)是詢問糯米,於是回答「大把」(意即「大量」),葡萄牙人於是把此地以葡萄牙文音譯命名為「Taipa」。這種美麗的錯誤,也在澳門葡萄牙文「Macau」音似「媽閣」發生。

　　氹仔境內有「龍環葡韻」、「官也街」等等葡式風貌社區,也有不少美食聚集,加上離機場近,成為遊客必訪景點之一。

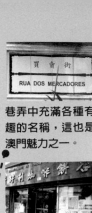

買賣街
RUA DOS MERCADORES

巷弄中充滿各種有趣的名稱，這也是澳門魅力之一。

黑橋街
RUA DA PONTE NEGRA

官也街北端銜接黑橋街。黑橋街上有「黑橋／地堡街」巴士站，可以搭乘巴士前往下個景點，不須返回「冰仔官也街」搭乘。

官也街最北端的官也墟，是個非常有趣的文創商店，從外牆到內部擺設，都可見到活潑的設計。

「冰仔官也街」站下車後往回走，對面巷弄入口，就是官也街。

嘉模花園為澳門八景之「龍環葡韻」景區的一部分，公園旁的階梯往下可走至龍環葡韻住宅式博物館。

地堡街上的新好利咖啡餅店，特色產品為燕窩蛋塔。

熱鬧的官也街北端入口。

水蟹粥名店－誠昌飯店，是到官也街必嚐美食之一。

從嘉模聖母堂和嘉模花園中間的樓梯往下走，可抵達以5幢葡萄牙特色建築組成的龍環葡韻住宅式博物館，是冰仔特色景點，為澳門八景之一。

嘉模花園　光復街

龍環葡韻

嘉模聖母堂

嘉模會堂

黑橋街
地堡街
水鴨街
德行街
日頭街
官也街
福隆彩巷
仙女巷
新巷
木鐸街
安樂街
柯打蘇沙街
施督憲正街
嘉路土米耶馬路
兵房斜巷
生央街
窩商街
買賣街
告利雅施利華街
中街
北帝廟

豬扒包名店－大利來記，搬到離官也街更近的新店址。

「冰仔官也街」巴士站，是抵達官也街最主要的站牌。

沿斜坡而上的嘉模會堂，前身為冰仔電燈總局，曾是冰仔唯一公營的發電廠。現已改成文藝表演活動中心。

有160年歷史的北帝廟，是當地民間重要信仰之一。濃厚中國風格的廟宇旁，緊鄰藍綠色歐式建築，這正是澳門特色之一。

跛腳梯
ESCADA DO COXO

CORREIOS
郵政

「冰仔官也街」站下車後往回走，同側右手邊，有段名為跛腳梯的小小階梯，走至頂端，可看見各景點明顯的標誌。

經過嘉模會堂，會抵達冰仔唯一的天主教堂－嘉模聖母堂。對面是辦理澳門婚姻註冊的政府部門，可入內參觀。

龍環葡韻 住宅式博物館

https://pse.is/BTP57

　　龍環葡韻住宅式博物館（以下簡稱「龍環葡韻」），是由 5 座建築聚集而成。這幾座建築距今約 100 年前落成，初期用途為葡人官邸，可從此建築群內的擺設，對當年土生葡萄牙人的生活起居略窺一二。龍環葡韻除了是澳門重要的文物建築與具代表性的土生葡萄牙人建築群，也被評入澳門八景之一。

🏛 特色景點

📍 澳門氹仔海邊馬路

🚌 巴　士 11、15、22、28A、30、33、34 號至「氹仔官也街」站下車，徒步 5 分鐘。

🕙 10:00 ～ 19:00，週一休館。

💰 免費入場

🌐 http://www.icm.gov.mo/cn/housesmuseum

悠閒寧靜的龍環葡韻。

由於氹仔島的海岸線宛如龍形，因此舊稱「龍環」；「葡韻」是指葡萄牙人長居於此，所營造出的葡國風韻。龍環葡韻5座建築清一色是粉綠白邊，外觀高雅清爽，戶戶又有獨特的紋飾雕花，門廊窗戶皆同中求異，各具巧思。龍環葡韻面向望德聖母灣，湖邊幽靜的石板路與古典涼椅，都是悠閒休憩的好地點。

5座建築內部的展覽各有所異，有展出昔日土生葡萄牙人的傢俱擺設及裝飾物，以及一些舊照片，也有一些路環和氹仔的圖片展覽和不定期的各類藝術展覽。

龍環葡韻附近共有3個巴士站牌，分別為「氹仔官也街」、「氹仔CEM貨倉」、「嘉模泳池」，雖然「氹仔官也街」是最遠的站牌，但是會經過「嘉模聖母堂」與「民事登記局」等葡式風格建築，沿途景色亮眼、色彩繽紛，都是拍照好景點，因此筆者認為從「氹仔官也街」站前往，是比較推薦的路線。

上／粉綠色的建築，是龍環葡韻的最大特色。
下／從「氹仔官也街」站前往，沿途眾多色彩繽紛的歐式建築。

嘉模聖母堂是氹仔唯一的天主教堂。

繽紛歡樂的官也街。

https://pse.is/BJGB4

官也街

🈯 特色景點

🈯 澳門氹仔官也街

🚌 1. 巴士 11、15、22、28A、30、
33、34 號至「氹仔官也街」站
下車，下車即是。

2. 巴士 11、15、22、28A、30、
33、34 號至「黑橋／地堡街」
站下車，徒步 1 分鐘。

🈯 公共開放空間，店家營業時間約
10:00 ～ 21:00。

🈯 依店家而異

🈯 無

　　官也街是氹仔最熱鬧的一條徒步商業街，幾乎是遊客來到澳門的必訪景點之一。官也街麻雀雖小，但五臟俱全、熱鬧非凡。舉凡美食手信、甜點小吃，應有盡有。從澳門傳統小吃到葡國料理，各式特色餐廳皆能滿足挑剔的味蕾；各家手信店林立，是澳門買手信的一級戰區，不但有連鎖知名品牌，更有別無分號的道地老店家，想要品嚐到這些老店家的精心手藝，不來官也街可是吃不到。而且店家試吃大方，讓你從街頭吃到街尾。不過可惜的是，官也街著名的肉鬆蛋捲不能帶進台灣海關，被查到可是會被沒收的。

除了吃，官也街也非常好買，各式各樣的紀念品多樣豐富。除了最具代表澳門特色的葡國公雞，還有各類澳門路牌的小磁鐵或別針，零零總總讓人眼花撩亂，而且重點是價錢比澳門本島的紀念品店便宜許多。加上離機場近，筆者都會趁搭機之前來到官也街採買一番，順便買個豬扒包候機時享用。

官也街四周的小巷也十分有趣，很適合冒險尋寶，處處都有令人意想不到的美麗街景，還可以看到如「買賣巷」、「客商街」、「仙女巷」、「跛腳梯」等等許多有趣的街名。除了官也街本身，四處走走繞繞，也有不少驚喜喔！

前往官也街，可以搭乘巴士至「冰仔官也街」站或「黑橋 / 地堡街」站下車。兩個站牌分別位於官也街的兩端，一北一南，巴士路線多是先抵達「冰仔官也街」站，再抵達「黑橋 / 地堡街」站，因此旅客可以利用這樣的路線事先做規劃。逛完官也街可以直接從「黑橋 / 地堡街」站搭乘巴士前往下個目的地，而不需要再走回頭路囉！

例如可以安排利用 22、28A、33 號巴士，從亞馬喇前地直達「冰仔官也街」站下車，往北逛到「黑橋 / 地堡街」站，就可以上車返回亞馬喇前地，不須折返搭車。

上／官也街路寬不到 10 公尺，摩肩擦踵更顯熱鬧景象。
中／非常有趣的小小紀念品店，除了澳門特色小物，也販售各類童玩雜物，很適合挖寶，而且價錢比澳門本島便宜。
下／走出官也街，四處晃晃也有漂亮的景色！

官也墟

https://pse.is/BJ7ZB

　　在熱鬧非凡的官也街，有棟外牆畫滿超可愛塗鴉的鵝黃色建築，特別引人矚目！這棟位於官也街與地堡街交叉口、以葡式建築為基礎、搭配上手繪塗鴉風格營造出衝突趣味性的建築，就是就是由知名餅店「咀香園餅家」與「澳門佳作」聯手打造的文創店家「官也墟」。

　　官也墟靠近官也街和地堡街的交叉處，最近的巴士站牌為「黑橋／地堡街」站。「黑橋／地堡街」和「氹仔官也街」兩個站牌分別位於官也街的頭尾，兩個站牌的巴士路線是相同的，因此在這兩個站牌下車皆能

在官也街內十分顯眼的官也墟。

右頁／外牆以可愛的塗鴉風格繪製
許多澳門過往的生活點滴。

抵達官也街，而官也墟是靠近「黑橋/地堡街」這個方位。

官也墟的 1 樓為澳門咀香園餅家的展示販賣區，擁有 80 年歷史的澳門咀香園餅家，在澳門有多處分店，以「炭燒杏仁餅」和「鳳凰卷」為人氣商品。在官也墟的展示區域，除了自家伴手禮外，還有以澳門本土設計師創作的澳門佳作旅遊紀念品以及風格新潮的店鋪設計，跳脫常見禮品店的框架，從牆面地板到小角落處處營造出趣味十足的購物環境。

往樓上走去，樓層分別是梳打熊貓主題產品、本地設計師原創產品、皮寶工作坊等。此外，這裡展售了澳門佳作 30 多位澳門本土藝術家的創意設計產品，樓層各有特色，商品極具巧思，是個非常適合找尋特色紀念品的挖寶好店家。

除了精巧的創意小物外，內部的設計擺設處處呈現六、七十年代澳門小城生活情懷，在傳統中帶點現代文創的趣味創意，令人驚喜，也為澳門官也街更增添年輕活力，帶入一股不同風味的時尚潮流。

🏬 特色店家
📍 澳門氹仔官也街 33-35 號地下
🚌 1. 巴士 11、15、22、28A、30、33、34 號至「氹仔官也街」站下車，徒步 5 分鐘。
　　2. 巴士 11、15、22、28A、30、33、34 號至「黑橋/地堡街」站下車，徒步 1 分鐘。
🛒 09:30 ～ 22:00，全年無休。
💰 依個人消費
🌐 http://www.cunhabazaar.com/

上／門口可愛的梳打熊貓是許多遊客的合影之處。
中／樓上的展售空間也非常有趣。
下／非常舒服的展售空間，連布置都非常有趣。

https://pse.is/BU4LB

🉐 特色活動

📍 澳門氹仔柯維納大馬路

🚌 1. 巴士 15、26、30、34、35、
　　36、102X、MT2、MT4、N5 號至
　　「賽馬會」站下車，下車即是。

　2. 巴士 11、22、28A、30、33、
　　34、35、37、102X、MT2、
　　MT4、MT5、N5 號至「南新花園」
　　站下車，對面馬路即是。

🕐 日賽 14:00，黃昏賽 16:00，夜賽
　19:05，每月賽程日期不一，當月賽
　程請至官網查看。

🎫 地下與 1 樓公眾席免費入場，賽事
　大樓 1 樓西側入場費 38 MOP。

🌐 http://www.mjc.mo/

澳門賽馬會

相信看過港片的人，應該都會對片中市井小民聽賽馬廣播的橋段略有印象，而澳門也有賽馬比賽喔！

位於氹仔的澳馬賽馬會，賽事全年無休，比賽日期集中在每週五、六、日 3 天舉行，並分為日賽和夜賽。不過每個月份的比賽日期和時間都不一樣，所以要前往賽馬會體驗一下賽馬活動，建議先到官網查詢賽期表，以免白跑一趟。

賽馬會的公眾座位大部分是免費開放進入，只有賽事大樓的西側座位，會需要收取入場費。賽場內提供現金投注，也有餐飲小店提供飲食，不過要年滿 18 歲才可以進入喔！

澳門賽馬會的賽事大樓。

上／澳門賽馬會的 LOGO 是用馬蹄鐵組成 M 字形。
下／在門口四處可以看到進入的指標，有分免費區和收費區。

🍽 美食推薦：誠昌飯店

講到澳門的道地美食，就不能不提到「水蟹粥」；提到水蟹粥，就一定要提到「誠昌飯店」！位於官也街內、官也墟斜對面的誠昌飯店水蟹粥，真的是筆者相當推薦的一道美食。

廣式煲粥的特色是將米粒熬煮到不見顆粒，誠昌飯店的水蟹粥當然也會秉持這項特點。初次品嚐水蟹粥之前，筆者私下推測味道應該跟海鮮粥類似，沒想到完全不同！這種味道在台灣沒嚐過，鮮味十足，香、濃、微鹹，但又口感清爽！更令人驚豔的是水蟹粥內的螃蟹肉多鮮美，粥內也處處可見蟹黃，幾乎每口都可以吃到蟹黃，是道很好吃的在地料理。

除了知名水蟹粥，誠昌飯店也有其他特色餐點可選擇。「酥炸墨魚丸拼鯪魚球」（就是炸花枝丸和炸魚丸拼盤）雖然外貌普通，但口味可不普通。鯪魚球的內餡已有調味，屬於口味比較鹹一些。墨魚丸相對就比較清淡，但是外皮飄散著類似淡水魚酥的香味。最特別的是沾了烏醋後，口味會變甜的！

另外還有台灣不常吃到的「酥炸田雞腿」。田雞就是青蛙，在台灣其實不太會吃這道料理，但到國外，膽子總是莫名變大，稀奇的東西總想嚐嚐。田雞肉的口感也很微妙，難以形容。田雞肉的筋有點多，撕咬時的肌肉會有延伸感。但炸的手法相當不錯，外皮酥脆，麵皮的調味也不錯，就像吃到很好吃的鹹酥雞一樣！

除了炸物，「醬爆雞」也是筆者很推薦的一道餐點。這道菜香味十足，超級入味！雖然入味，但不過分鹹膩，又略帶甜味，口感焦焦脆脆，而配菜的洋蔥和蒜頭也料理得很好，超級下飯！

🈂 特色美食

🈂 地 澳門氹仔官也街 28-30 號

🈂 交 1. 巴士 11、15、22、28A、30、33、34 號至「氹仔官也街」站下車，徒步 5 分鐘。

2. 巴士 11、15、22、28A、30、33、34 號至「黑橋 / 地堡街」站下車，徒步 1 分鐘。

🈂 時 12:00 ～ 00:00

🈂 價 100 MOP

🈂 網 無

上／官也街內的人氣店家「誠昌飯店」。
下／誠昌飯店最知名的「水蟹粥」，碗內有一整隻鮮美大蟹。

上／外觀不起眼的「酥炸墨魚丸拼鯪魚球」，但口味不凡。
下／看到「酥炸田雞腿」的外觀，可能不少人會退避三舍，是挑戰饕客勇氣的一道料理。

🍽 美食推薦：大利來記

現今的氹仔旗艦店。

上／酥脆多汁的大利來記豬扒包，筆者每到官也街必吃！
下／店內環境，1、2 樓皆有座位。

　　來到官也街，還有一項不能不品嚐的特色美食，那就是大利來記的豬扒包！大利來記並非位於官也街內，搭乘巴士於「氹仔官也街」站下車後，沿著馬路往前走，約 100 公尺即能抵達。大利來記在 2014 年已經搬離之前的磚瓦平房，現在搬移至與原址相隔約 20 公尺左右的歐式洋樓內，空間也比原先老店更為寬敞，座位也更多了，但可惜少了點舊時雜貨店的懷舊氣氛。

　　大利來記經營至今已經超過 60 餘年，最經典的豬扒包每日出爐時間是下午 2 點，且售完為止。當拿到熱騰騰的豬扒包時，豬扒酥脆多汁，上下兩片夾著豬扒的麵包恰好吸取油脂，吃起來倒也不會太油膩，反而是油汁滋潤了麵包，讓麵包更易入口。而麵包的表現也相當不錯，軟硬適中！

　　澳門豬扒包的特色，就是中間的夾肉是帶骨的，跟台灣的純肉排不一樣，所以咬的時候，要小心不要咬到骨頭，不然一瞬間牙齒都歪囉！

　　大利來記除了豬扒包，也有各類三明治點心和茶飲，其中奶茶香醇濃郁，雖然口味偏甜，但也是可以嚐嚐！

　　除了到氹仔大利來記旗艦總店品嚐豬扒包外，大利來記於澳門也有數間分店，包括在大三巴牌坊前的大三巴街、南灣瑪嘉烈蛋塔店旁、議事亭前地的板樟堂巷、威尼斯人大運河美食廣場，都有大利來記的分店可以品嚐到美味的豬扒包！（詳細分店資訊可見官網）

https://psc.is/BPE28

🏷 特色美食
📍 澳門氹仔告利雅施利華街 35 號
🚍 巴士 11、15、22、28A、30、33、34 號至「氹仔官也街」站下車，徒步 3 分鐘。
🕐 07:00 ～ 18:00，不定期公休。
💰 60 MOP
🌐 http://www.taileiloi.com.mo/
FB：https://www.facebook.com/ 澳門大利來記咖啡室旗艦店 -168323796531356/

美食推薦：新好利咖啡餅店

https://pse.is/BKFC7

黑底金字的店家門口，門外貼上了許多的媒體報導。

🎖 特色美食

📍 澳門氹仔地堡街 13-14 號

🚌 巴士 11、15、22、28A、30、33、34 號至「黑橋/地堡街」站下車，徒步 5 分鐘。

🕐 07:30 ～ 18:00，不定時公休。

💰 40 MOP

🌐 無

上／新好利咖啡餅店的招牌是燕窩蛋塔，店家稱為「燕窩撻」（ㄊㄚˋ）。
中／豬扒包是澳門的平民美食，幾乎每家店都有販售。
下／小小的空間、背對背的靠椅是澳門平民餐廳的特色之一。

說到澳門蛋塔，北有南灣瑪嘉烈，南有路環安德魯，而來到氹仔，最有名的蛋塔當然就是新好利。

新好利咖啡餅店位於官也街外圍的地堡街，面對官也墟往右邊馬路直走即可抵達。新好利咖啡餅店是間平價小食店，提供簡易飯麵和三明治等輕食點心。入店後是自行找尋空位，店家不會特別招呼，也須自行呼喊服務人員前來點餐。

新好利咖啡餅店的特色就是獨家的「鮮奶撻」（鮮奶蛋塔）和「燕窩撻」（燕窩蛋塔），這兩種口味在別間蛋塔店可是品嚐不到。燕窩撻的口味比較偏甜一點，且有椰汁香味，餅皮真的香酥好吃，口味相當特別。而傳統蛋撻的口味更特別，略帶鹹味，跟燕窩撻比起來比較油，但是內餡真的很滑嫩！蛋塔出爐時雖然沒有冒煙，但咬下時超級燙口，請小心品嚐。

新好利咖啡餅店也有販售豬扒包，這裡的豬扒包麵包是屬於較為酥脆乾硬有嚼勁，豬扒則是帶筋帶骨的煎豬排，整體上還算不錯，但筆者還是比較推薦大利來記豬扒包。

用餐完畢之後，是請服務生來替你結帳，服務生算好之後會寫在單子上，再拿單子去櫃檯買單即可。

「排角／銀河」站是澳門銀河對外最主要的公共巴士站牌：
- 搭乘MT1、25B、26A、30X號巴士，至「亞馬喇前地」站下車，可抵達亞馬喇前地。
- 搭乘25B號巴士，至「盧廉若公園」站下車，可抵達盧廉若公園。
- 搭乘26A號巴士，至「新馬路／永亨」站下車，可抵達新馬路、福隆新街、議事亭前地。
- 搭乘35號巴士，至「賽馬會」站下車，可抵達賽馬場。

「蓮花海濱大馬路／銀河-1」站

銀河酒店

「排角／銀河」站

望德聖母灣大馬路

澳門銀河正門右側的「蓮花海濱大馬路／銀河-1」站，雖然有提供多線巴士，但都無法前往觀光景點或交通樞紐。

蓮花海濱大馬路

澳門銀河

新城大馬路

澳門威尼斯人

「新城大馬路／銀河」站

「新城大馬路／威尼斯人」站

位於威尼斯人度假村後門的「新城大馬路／威尼斯人」站，提供的巴士路線與接駁專車多有重複，因此不必特地前來搭車。

JW萬豪酒店

澳門百老匯

「蓮花海濱大馬路／銀河-2」站

「蓮花海濱大馬路／百老匯」站

澳門銀河與澳門百老匯間雖有「蓮花海濱大馬路／銀河-2」站，但都無法前往觀光景點或交通樞紐。

「新城大馬路／銀河」站雖有「銀河」二字，但其實離澳門銀河非常遙遠。

澳門百老匯賭場大門右側的「蓮花海濱大馬路／百老匯」站，提供以下路線：
- 搭乘52、71、73號巴士，至「亞馬喇前地」站下車，可抵達亞馬喇前地。
- 搭乘55號巴士，「媽閣廟站」站下車，可抵達媽閣廟。

路氹城大馬路

蓮花海濱大馬路

新濠影匯側門的「路氹邊檢／新濠影匯」站，可搭乘MT4號巴士前往「氹仔客運碼頭」。公共巴士不到六點就有首班車出發，但飯店接駁車通常得九點之後才發車，因此若需要早到氹仔客運碼頭，可利用此站牌前往。

新濠影匯

蓮花路

蓮花路

「路氹邊檢／新濠影匯」站

金沙城中心喜來登酒店外,有「連貫公路/金沙城中心」站;新濠天地正門外有「連貫公路/新濠天地」站。
兩站牌有以下共同路線:

- 15號、21A、26A巴士,至「路環居民大會堂」站下,可抵達路環。
- 25號巴士,「路環市區」站下車,可至路環。
- 25AX號巴士,可至「亞馬喇前地」站。
- 26號巴士,至「路環街市」站下車,可抵達路環。

- N3號夜間巴士,可至「亞馬喇前地」站;「新馬路/大豐」站下車,可至議事亭前地與福隆新街;「路環市區」站下車,可至路環。(夜間巴士運行時間:00:00~06:00)
- 除了共同路線「連貫公路/新濠天地」站,還可搭乘25B號巴士,至「亞馬喇前地」站與「盧廉若公園」站。

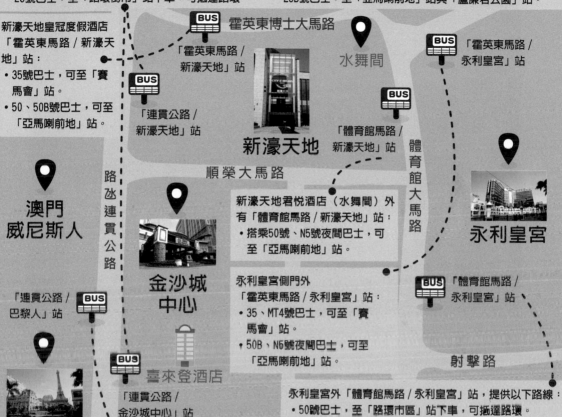

新濠天地皇冠度假酒店「霍英東馬路/新濠天地」站:

- 35號巴士,可至「賽馬會」站。
- 50、50B號巴士,可至「亞馬喇前地」站。

「霍英東馬路/新濠天地」站

「連貫公路/新濠天地」站

霍英東博士大馬路

水舞間

新濠天地

順榮大馬路

「霍英東馬路/永利皇宮」站

「體育館馬路/新濠天地」站

永利皇宮

「體育館馬路/永利皇宮」站

射擊路

澳門威尼斯人

路氹連貫公路

金沙城中心

新濠天地君悅酒店(水舞間)外有「體育館馬路/新濠天地」站:

- 搭乘50號、N5號夜間巴士,可至「亞馬喇前地」站。

永利皇宮側門外「霍英東馬路/永利皇宮」站:

- 35、MT4號巴士,可至「賽馬會」站。
- 50B、N6號夜間巴士,可至「亞馬喇前地」站。

「連貫公路/巴黎人」站

澳門巴黎人

「連貫公路/金沙城中心」站

喜來登酒店

永利皇宮外「體育館馬路/永利皇宮」站,提供以下路線:

- 50號巴士,至「路環市區」站下車,可抵達路環。
- MT4號巴士,可至「賽馬會」站。
- N5號夜間巴士,可至「亞馬喇前地」站。

路氹城大馬路

新濠影匯

「連貫公路/新濠影匯」站

巴黎人正門的「連貫公路/巴黎人」站與新濠影匯正門的「連貫公路/新濠影匯」站,有以下共同路線:

- 15號巴士,「氹仔官也街」站下車,可至官也街;「賽馬會」站下車,可至賽馬場。
- 21A號巴士,「媽閣廟站」站下車,可至媽閣廟;「金碧文娛中心」站或「新馬路/永亨」站下車,可至福隆新街、新馬路、議事亭前地;「亞馬喇前地」站下車,可至亞馬喇前地。
- 25、25B號巴士,可至「盧廉若公園」站與「亞馬喇前地」站。
- 26號巴士可至「澳門旅遊塔」站、「賽馬會」站;「提督/紅街市」站,可至龍華茶樓。
- 26A號巴士,可至「亞馬喇前地」站;至「提督/紅街市」站下車,可抵達龍華茶樓。
- 56號巴士,可至「外港碼頭」站;至「二龍喉公園」站下車,可抵達東望洋山。

- 除了共同路線,「連貫公路/新濠影匯」站搭乘MT4號巴士,可至「賽馬會」站。「連貫公路/巴黎人」站搭乘25AX,可至「亞馬喇前地」站。

每個商城都會營造出專屬主題。

簡介

　　路氹城的出現，是澳門向海爭地最顯著的成果。澳門政府在兩大離島「氹仔」和「路環」之間，進行了巨大的填海工程。將原本的海面填平，把兩個原本獨立的島嶼連成一起，中間這塊新出現的陸地，就是路氹城。

　　路氹城以「路氹金光大道」的規模最為龐大，在這個區域預計興建 20 間各具特色的酒店，總投資金額高達 4,000 億台幣。目前已經落成 11 座高級商城與度假村，包括知名的「澳門銀河」、「威尼斯人」、「新濠天地」、「巴黎人」等等。這些高級商城和度假村內進駐了全世界的知名品牌，珠寶名錶、潮流服飾、高級時裝，只要講得出來的品牌，這裡應有盡有。

　　除了購物，美食和娛樂設施更是不能缺少，包含米其林認證的餐廳、變化新奇的秀場表演，還有許多老少咸宜的遊樂園。在各大商城度假村間，還提供多條免費接駁巴士路線，讓遊客在各商城度假村間輕鬆來往。金碧輝煌的硬體環境與各項便利設施，總是吸引滿滿的遊客前來，讓路氹城成為遊客來到澳門的必訪之處。

夜間光彩奪目的澳門銀河，到了固定時間還會上演燈光秀，屆時原本令黃色的杜體將五彩繽紛。

「鑽石大堂」的燈光秀，不只燈光變化，還會有乾冰、水霧等等效果。這裡亦是澳門銀河的正門入口。

澳門銀河

https://pse.is/BJ5KV

　　位於路氹城的澳門銀河，是澳門唯一擁有 5 間五星級酒店入駐的綜合度假城，金蓋銀身的環狀建築，在夜晚間的澳門特別顯眼，當天氣好時，從澳門旅遊塔都能遠眺澳門銀河光彩奪目的身影。

　　澳門銀河這間複合型的五星級度假飯店，整體範圍超過 110 萬平方公尺（約 33 萬坪）。除了五星級飯店外，還以各種高級石材營造出富麗堂皇的購物環境，並招募了世界各地超過 200 間的精品名牌入駐，而許多世界成衣與運動品牌也在這裡建構出如旗

艦店規模的專櫃門市。如此寬敞明亮的 Shopping Mall，光是稍微逛一圈，就幾乎可以走上四五個小時，何況 2 樓還有天橋連結至澳門百老匯大街，提供各類表演秀場。

除了購物，澳門銀河裡面有超過 120 間餐廳，其中有 17 間入選米其林一星和推薦。除了高檔餐廳，也有提供平價美食的「亞洲美食坊」。亞洲美食坊屬於自助用餐的美食街，擁有多樣化的各國料理，從煲飯、燒臘到熱狗、炸雞，連台灣人最愛的手搖茶都有！

亞洲美食坊的「東泰祥生煎館」，是筆者推薦可以一嚐的小點，尤其是剛出爐的生煎包，令人食指大動！東泰祥的生煎包相當特別，咬開肉汁四溢，外皮厚度有點類似小籠包，但底部是焦到硬硬像餅乾的口感。

經由天橋連結的百老匯大街，更是美食天堂、吃貨福地！特地招募了港澳各家特色美食與米其林名店在此拓展分店，包括總店獲得米其林一星榮譽的「新斗記」，以及米其林推薦的「李家菜」、「添好運」、「皇冠小館」、「阿鴻小吃」。

除了米其林推薦美食外，還有多家道地老店也在此插旗，包括著名甜品「義順牛奶」；本島的「成記粥品」、「梓

特 綜合度假村

地 澳門路氹城望德聖母灣大馬路
澳門路氹城「澳門銀河」綜合度假城

交 1. 澳門國際機場、港澳碼頭（外港碼頭）、氹仔客運碼頭、澳門本島（星際酒店）皆有免費接駁車。接駁車營運時間與班次，可參閱官網免費穿梭巴士時間表：https://www.galaxymacau.com/zh-hant/getting-here/，縮網址：https://goo.gl/Dm3yIW。

2. 巴士 25B、26A、30X、35、72、MT1、MT3、N6 號至「排角／銀河」站下車即是（近銀河酒店）。

3. 巴士 52、55、71、73、N6 號至「蓮花海濱大馬路／銀河 -1」站下車即是（近大倉酒店、悅榕庄酒店）。

4. 巴士 52、55、71、73、N6 號至「蓮花海濱大馬路／銀河 -2」站下車即是（近 JW 萬豪酒店、麗思卡爾頓酒店）。

時 各專櫃與餐廳營業時間請詳見官網資訊。

費 依消費不一

網 https://www.galaxymacau.com/zh-hant/
FB：https://www.facebook.com/galaxymacau

在機場的澳門銀河專屬接駁車，黃色衣服為接待人員。行駛路線停靠澳門銀河的各間飯店，讓房客下車即是飯店入住大廳。

記牛什」；歷史悠久的澳門土生葡國菜——
「福龍葡國餐」；各類粵菜火鍋，應有盡有！
讓遊客們不必四處奔波即可將各地特色美
食一網打盡！

在百老匯大街還有少數可見的 OK 超
商和屈臣氏，可以在此購買飲用水和果汁
茶類汽水等各類飲品及補充生活用品，因
為度假村內的飲料價格可是高到嚇人（天
浪淘園的販賣機，一瓶 600 cc 的礦泉水要
台幣 100 元）。

另外，百老匯大街的「鉅記餅家」，
也比各大度假村裡面販售的便宜喔！

交通方面，澳門銀河也是路氹城的重

上／寬敞明亮的購物環境。
下／夜晚的百老匯大街更顯熱鬧，除了可以品嚐
　　美食還有街頭藝人的各項表演。

金碧輝煌的澳門銀河。

左／澳門銀河內有專門販售寶寶
用品的屈臣氏，雖然澳門物
價比台灣高出許多，但如果
有急用倒也是相當方便。
右／亞洲美食坊中的「東泰祥生
煎館」的生煎包，相當特別。

點停靠站，提供了許多路線前往各度假村和交通設施，更是少數連澳門本島都有免費接駁車可以抵達的度假村，不過每條路線搭乘的地方不同，建議跟服務人員確認在何處上車。以筆者在 2018 年的體驗，若是搭乘澳門銀河本身的專車路線前往機場或碼頭等地，是在「水晶大堂」上下車；但若是要搭乘「路氹服務專線」或計程車前往其他度假村，則是必須到「歐珀大堂」上下車。

原本可以抵達本島的停靠站──「新馬路下車點」現在已經取消，僅剩「星際酒店」，這點較為可惜。因為星際酒店離新葡京酒店與亞馬喇前地約 10 分鐘腳程，且四周無巴士站牌，若要搭乘巴士須走到對面的總統酒店。接駁巴士與路線時間，可以參考官網資訊：https://www.galaxymacau.com/zh-hant/getting-here/，縮網址：https://goo.gl/Dm3yIW。

如果是要搭乘付費巴士，請注意「新城大馬路／銀河」這個站牌，雖然有「銀河」二字，但離澳門銀河的入口，可是有一大段距離，千萬不要在這裡下車囉！

威尼斯人

https://pse.is/BNYPF

2007 年開幕的威尼斯人，距今已經 10 個年頭，在不斷冒出的後起之秀夾擊下，威尼斯人依然擁有澳門的指標性地位，在旅行團行程中依然是必訪景點，畢竟仿造義大利威尼斯建築風格的威尼斯人度假村，可是當年打響路氹城金光大道名號的第一砲！

筆者曾經實地走訪義大利的威尼斯，所以本來對這種山寨景點興趣缺缺，但在某次因緣際會下前來逛逛，沒想到著實讓筆者改觀！威尼斯人以義大利威尼斯水鄉

🏷 綜合度假村

📍 澳門路氹城望德聖母灣大馬路
澳門路氹金光大道

🚌 1. 澳門國際機場、港澳碼頭（外港碼頭）、氹仔客運碼頭、各度假村皆有免費接駁車。接駁車營運時間與班次，可參閱官網交通資訊之免費穿梭巴士時間表：https://hk.venetianmacao.com/macau-guide/practical-information.html，縮網址：https://goo.gl/zSUqsF。
2. 巴士 51A、72、MT4 號至「新城大馬路／威尼斯人」站下車即是。

🕐 各專櫃與餐廳營業時間請詳見官網資訊。

💰 依消費不一

🌐 https://hk.venetianmacao.com/
FB：https://www.facebook.com/VenetianMacao/

大運河廣場真的很有威尼斯的感覺。

為主題，從外至內皆是威尼斯特色拱橋、小運河及石板路，每個細節真的將義大利威尼斯完美複製，逛在其中頗有回到當時在威尼斯漫步的感覺！

　　威尼斯人中最熱門的景點，當然就是以威尼斯水鄉景色為主題、店家集結超過350家的大運河購物中心。威尼斯人購物中心內有3條室內運河，運河內也將「貢多拉」這種威尼斯當地特有的交通工具，原封不動地搬移過來。貢多拉船身扁長全漆黑色，由船夫站在船尾划動。顧客可付費搭乘遊覽運河，來回航程約15分鐘。而在欣賞充滿威尼斯特色建築群及拱橋的浪漫美景時，船夫還會邊划船邊唱出悠揚的歌聲，非常有異國風情。

　　運河兩側則是充滿各式店家，雖然規模較小，但較為密集，而且有很多平價店家。即使離開運河，往裡面走的購物區域也很有看頭，筆者個人覺得比澳門銀河還要好逛。

　　而威尼斯人除了購物和飯店外，還集賭場、會展及表演於一體，尤其威尼斯人的表演場所也非常有名，其中分為「金光綜藝館」和「威尼斯人劇場」。「金光綜

左／金碧輝煌的大廳，宛如歐洲的皇宮。
右／貢多拉會在運河上划行，乘坐貢多拉，
　　還可聆聽船夫美妙的歌聲喔！

威尼斯人的外觀，將威尼斯的著名地標「里阿爾托橋」和鐘樓完整呈現。

藝館」以綜藝活動較多，包括運動賽程和演唱會，碧昂絲、席琳狄翁、凱蒂佩芮、黑眼豆豆、小野貓、邦喬飛、BIG BANG、周杰倫、Maroon 5 等等巨星的世界巡迴演唱會澳門站，皆會選定在金光綜藝館表演。「威尼斯人劇場」則是文藝活動的主要場館，大多用來舉辦藝術家或古典樂團的表演，例如小提琴表演、交響樂團、音樂劇。

　　威尼斯人除了內部相當精采外，建築外觀也相當有特色，只要沿著金沙城的指標走出去，就可以看到仿造威尼斯的聖馬可廣場和里阿爾托橋的場景，都是旅客必拍合影景點。

　　交通方面除了接駁巴士外，從 Google Maps 上查看威尼斯人的四周還是有不少巴士站牌，但除了「新城大馬路 / 威尼斯人」站外，大部分站牌其實離入口還有相當一大段距離，所以建議還是盡量搭乘接駁車，因為會直接接送至威尼斯人的入口，比搭乘巴士方便很多喔！

左／在金沙城中心的各入口，皆能看到這充滿異國圖騰的牌樓。
右／從假日酒店入口進入，就會來到御桃源廣場，這裡除了可以與卡通明星合影外，還有巨大的財神雕像。

https://pse.is/BSAEK

金沙城中心

　　與威尼斯人僅有一路之隔的金沙城
中心，與威尼斯人、巴黎人雖屬同一集
團擁有，但風格迥異，各領風騷。

　　相對於威尼斯人、巴黎人營造出的
歐洲浪漫風情與金碧輝煌的宮殿風格，
金沙城中心則是以充滿野性活力的熱帶
雨林為其特色，加上與著名卡通腳色合
作的各項主題活動，讓金沙城中心更適
合小孩子前來同樂。

　　金沙城中心擁有 4 間高級飯店進
駐，共有 6,200 間客房；購物中心樓高 3

🏛 綜合度假村
📍 澳門路氹連貫公路澳門金沙城中心
🚌 1. 澳門國際機場、港澳碼頭（外港碼頭）、
　　氹仔客運碼頭、各度假村皆有免費接駁
　　車。接駁車營運時間與班次，可參閱官
　　網交通資訊之免費穿梭巴士時間表：
　　https://hk.sandscotaicentral.com/getting-
　　to-macau.html，縮網址：https://goo.gl/
　　fzzDkl。
　 2. 巴士 15、21A、25、25AX、26、26A、
　　51X、56、N3 號至「連貫公路／金沙城
　　中心」站下車即是。
🕐 各專櫃與餐廳營業時間請詳見官網資訊。
💰 依消費不一
🌐 https://hk.sandscotaicentral.com/

層，以相當罕見的熱帶雨林為主題，引入大量的自然光，讓占地萬坪、超過 100 間品牌名店的購物商場明淨透亮，解放室內的壓迫感，所以消費者在舒適的環境內散步購物也能有接近大自然的放鬆感。

金沙城中心最大的特色、也最吸引小朋友的地方，就是與著名卡通人物合作的各類活動（2016 ～ 2017 主題為夢工場系列，2018 年主題為湯瑪士小火車），每天會在金沙廣場 1 樓（就是台灣所稱的 2 樓）熱鬧上演。許多穿著動畫角色的人型玩偶會出來與小朋友互動，歡樂地唱歌跳舞還有表演各項雜耍。

在金沙城中心假日酒店 1 樓大廳旁的御桃源廣場，每日到了固定時間，卡通人物會齊聚一堂，小朋友們可以與喜愛的卡通角色一起合影紀念，而且這些活動全部免費！

除了上述的免費活動，還有為了小朋友舉辦的群星派對，由各個卡通人物表演歡樂的音樂舞台劇，還可以享用精緻小點心。

由於表演主題不定時會變更，關於活動的表演詳情，建議在官網上確認最新的活動時間和費用。（https://hk.sandscotaicentral.com/macau-entertainment.html）

上／金沙城中心是以充滿野性美的熱帶雨林為設計主軸。
下／以各種自然元素以及開放式採光，讓金沙城中心擁有專屬的風格。

上／「Kid's Cavern 兒童世界」是小孩採買紀念品的天堂。
下／真人互動體驗的「Planet J 冒險王國」，從門口進入就充
滿奇幻風格！

　　金沙城中心內還有2個兒童娛樂主題館「Planet J冒險王國」和「歷險Q立方2」。「Planet J冒險王國」占地將近3,000坪，內部分為8個主題區域，以新穎的互動遊戲裝置讓玩家扮演故事中的主人翁，親身體驗冒險遊戲的刺激感！「歷險Q立方2」則是比較適合4歲以上的學齡兒童前來遊玩，是讓小小孩活動放電的好地方！

　　除了各類遊戲活動，要怎麼讓小孩們願意離開這裡呢？當然是要帶著心愛的紀念品心滿意足地離開囉！就在口福美食廣場旁邊的「Kid's Cavern 兒童世界」，是澳門最大的主題式兒童玩具服飾專賣店。各種新奇熱門的玩具樣樣具備，不論男孩女孩人人有獎！除了玩具之外，小孩們的服飾鞋帽也應有盡有！來到這裡，不只小孩為之瘋狂，媽媽們應該也會招架不住喔！

　　交通部分還是建議使用免費接駁車，可以輕鬆往來新濠天地、澳門銀河、威尼斯人等度假村，非常方便！

新濠天地

https://pse.is/BSLFZ

　　澳門另一項吸引人的特色，就是隨時都有精彩萬分的秀場表演和演唱會，其中澳門最有名的表演非《水舞間》莫屬，而《水舞間》這個國際等級的大秀，就位於新濠天地內。

　　新濠天地於 2009 年開幕，屬於擁有 3 座五星級酒店、水舞間劇院、米其林餐廳「譽瓏軒」、夜店、秀場、購物商場及賭場等多元化設施聚集的綜合性度假村，其中當然以《水舞間》為新濠天地的最大賣點。

　　《水舞間》製作耗資超過 80 億台幣，是一個結合雜耍、特技、音樂、舞蹈和高科技聲光效果，所打造出的國際一流水準的舞台劇。而《水舞間》既有「水舞」二字，當然是以水流特效為最令人驚奇的特色，舞台泳池容量相等於 5 個國際競賽

位於路氹連貫公路的入口，這是最顯眼也最多遊客進入的入口，但卻是離《水舞間》最遠的入口。

上／商場內依然聚集各大世界名品。
下／新濠天地 2 樓的「SOHO 蘇濠」美食區，匯集了多間中西餐廳和酒吧，除了風格新穎外，不定時還會有現場表演。

標準泳池用水量。以水舞幻動搭配高難度的特技表演,再加上別具設計的空間轉換,讓《水舞間》變成澳門強打主秀,更讓許多旅行團皆將《水舞間》指定為必訪行程。

除了《水舞間》,新濠天地還有全澳門最大的夜店「嬌比 CUBIC」,每逢週末或特定節日,均有國際知名 DJ 及歌手駐場演出,喜好夜生活和電音的紅男綠女不可錯過。

交通方面,要前往新濠天地,從碼頭和機場可以搭乘新濠天地的專屬接駁車(和新濠影匯共用);前往各度假村間則可以利用路氹服

⬤ 綜合度假村
⬤ 澳門路氹連貫公路
⬤ 1. 澳門國際機場、港澳碼頭(外港碼頭)、氹仔客運碼頭、澳門本島、各度假村皆有免費接駁車。接駁車營運時間與班次,可參閱官網交通資訊之免費穿梭巴士時間表:https://www.cityofdreamsmacau.com/tc/getting-here/index.html,縮網址:https://pse.is/BRZJF。
2. 巴士 15、21A、25、25AX、25B、26、26A、56、N3 號至「連貫公路 / 新濠天地」站下車即是(近皇冠酒店)。
3. 巴士 35、50、50B 號至「霍英東馬路 / 新濠天地」站下車即是(近皇冠酒店)。
4. 巴士 50、MT4、N5 號至「體育館馬路 / 新濠天地」站下車即是(近君悅酒店、水舞間)。
⬤ 各專櫃與餐廳營業時間請詳見官網資訊。
⬤ 依消費不一
⬤ http://www.cityofdreamsmacau.com/tc
FB:https://www.facebook.com/cityofdreamsmacau

左／榮獲米其林二星殊榮的粵式餐廳「譽瓏軒」。
右／進入新濠天地後,要前往《水舞間》必須依照著君悅酒店的指標前進,因此若能搭乘接駁車或巴士到君悅酒店下車,是前往《水舞間》最近的路程。

上／四處可見《水舞間》超大型海報。
下／《水舞間》劇場大廳,包括了劇院入口和購票處。

極具質感的《水舞間》LOGO。

務專線(路經:新濠影滙 - 金沙城中心 - 新濠天地 - 美獅美高梅 - 永利皇宮 - 澳門銀河 - 威尼斯人);另外還有專屬的新濠服務專線,快速來回新濠天地、新濠影滙兩地。

　　若要從澳門本島前往,搭乘處為英皇娛樂酒店。不過英皇娛樂酒店的乘車點並沒有接駁車的指標或立牌,建議詢問飯店服務人員確認乘車地點。

　　由於新濠天地占地廣大,度假村內包含數個下車點,包括迎尚酒店、娛樂場(賭場)正門、君悅酒店、皇冠酒店。若要觀賞《水舞間》,最近的下車點為君悅酒店,若是從迎尚酒店或皇冠酒店前往,必須穿越整個商場,東繞西繞,會耗費不少時間,若沒有掌握好,可能會影響到觀賞表演的入場時間。

夜晚閃金黃色的 8 是新濠影匯最大的特色。

STUDIO CITY
新濠影匯

https://pse.is/BMTN5

新濠影匯最著名的 8 字形摩天輪，3 樓有提供開放平台可以出去拍照，只要依照朝「影匯之星」的指標前往即可。

新濠影匯

與新濠天地屬同一集團的新濠影匯，於 2015 年底正式開幕，是路氹城中較為近期開幕的度假村。新濠影匯的整體風格和走向如其名稱，是以電影片廠等元素營造出有如好萊塢般風格的主題樂園。

新濠影匯外觀的最大特色就是高懸天上、可以從高空觀賞路氹城景象的 8 字形摩天輪。這是全世界最高的 8 字形摩天輪，設計意念是來自《蝙蝠俠》電影中，高譚市投射到夜空中的蝙蝠投影。

摩天輪觀景廂是復古科幻造型的飛行器，繞行一圈約 18 分鐘，可以觀賞路氹城的夜景。

內部則是與華納兄弟和 DC 娛樂公司合作，以蝙蝠俠為主打特色的 4D 多媒體飛行體驗「蝙蝠俠夜神飛馳」（Batman Dark Flight），可讓遊客身歷其境地與蝙蝠俠一起打擊犯罪。

「華納滿 Fun 童樂園」是以 DC 漫畫和華納動畫為主題的親子樂園，內部高達 4 層樓，有適合各種年齡小朋友的遊樂器材，是適合全家歡樂的地點。華納滿 Fun 童樂園的對面是充滿華納和 DC 的紀念品商店，喜愛 DC 英雄人物和華納可愛主角的遊客

* 格 綜合度假村
* 地 澳門路氹連貫公路
* 交 1. 澳門國際機場、港澳碼頭（外港碼頭）、氹仔客運碼頭、澳門本島、各度假村皆有免費接駁車。接駁車營運時間與班次，可參閱官網交通資訊之免費穿梭巴士時間表：https://www.studiocity-macau.com/tc/contact-us.html#shuttlebus，縮網址：https://goo.gl/zAkboH。
  2. 巴士 15、21A、25、25B、26、26A、51A、56、MT4、N3 號至「連貫公路 / 新濠影匯」站下車即是大門入口。
  3. 巴士 51A、MT4 號至「路氹城馬路 / 新濠影匯」站下車即是側門入口，近澳門巴黎人。
* 時 各專櫃與餐廳營業時間請詳見官網資訊。
* 費 依消費不一
* 網 https://www.studiocity-macau.com/tc/index.html
  FB：https://www.facebook.com/studiocitymacau

左／ 搭上摩天輪後可一覽路氹城美麗的夜景。
右上／ 接近 3 樓開放平台內的奇幻風格飛行器，提供讓遊客合影。
右下／「蝙蝠俠夜神飛馳」入口旁有一台帥氣的蝙蝠車和破門而入的蝙蝠俠。

不可錯過。

以上需要付費的表演，新濠影匯也有推出各種組合套票，這些套票組合都比購買單一門票划算許多。甚至出示《水舞間》門票，即享半價購買「影滙之星」及「蝙蝠俠夜神飛馳」門票。

若是入住新濠影匯的酒店，則可以享受以熱帶森林河流為主題的房客專屬私人沙灘和水上樂園「綠野游蹤」，還有 SPA 水療與健身中心等等各種設施。

交通方面，新濠影滙的接駁路線相當多，可以往返港澳碼頭、機場、澳門半島（英皇娛樂酒店），當然也有往返各大度假村的路氹服務專線（新濠影滙 - 金沙城中心 - 新濠天地 - 美獅美高梅 - 永利皇宮 - 澳門銀河 - 威尼斯人）。

若從澳門本島前往的話，可以先抵達英皇娛樂酒店或澳門旅遊塔，再搭乘新濠影匯的專屬路線巴士抵達。不過英皇娛樂酒店和澳門旅遊塔外面並沒有接駁巴士的指示，實際要前往時，建議可以再詢問一下飯店服務人員，確保上車地點。若是搭乘一般巴士，「連貫公路 / 新濠影匯」站就在新濠影匯的正門口，算是很方便。

上／「華納滿 Fun 童樂園」外的紀念品商店，裡面以華納公司的各項可愛卡通周邊為主。
下／位於新濠影匯內的「澳門食街遊」，以福隆新街的特色街景為主設置，並販售豬扒包、蛋塔等澳門小食。其中的新濠影滙大排檔，菜色豐富，且口味道地，是值得一嘗的平價美食。

澳門巴黎人

https://pse.is/BTQTU

澳門巴黎人於 2016 年 9 月正式全面開幕，開幕宣傳影片即大手筆地邀請法國巨星蘇菲瑪索擔綱演出；而以〈江南 Style〉紅遍全球的 PSY 大叔，在 2017 年的新曲〈New Face〉MV 中，也大量拍攝了澳門巴黎人的場景。

澳門巴黎人最顯眼的特色莫過於那以艾菲爾鐵塔一半比例設計製作的巴黎鐵塔，以及風格類似凡爾賽宮的主體建築。而澳門巴黎人內部更是金碧輝煌卻不帶俗氣，有著如當年法國

巴黎最具代表性的地標——巴黎鐵塔。

運用了大量法國皇室建築的元素，打造出如凡爾賽宮般的恢弘外觀。

特 綜合度假村

地 澳門路氹金光大道連貫公路

交 1. 澳門國際機場、港澳碼頭（外港碼頭）、
氹仔客運碼頭、各度假村皆有免費接駁
車。接駁車營運時間與班次，可參閱
官網交通資訊之免費穿梭巴士時間表：
https://hk.parisianmacao.com/macau-
guide/practical-information.html，縮網址：
https://goo.gl/I7uGeJ。

2. 巴士 15、21A、25、25B、25AX、26、
26A、56、N3 號至「連貫公路 / 巴黎人」
站下車即是。

3. 巴士 51A 號至「路氹城馬路 / 巴黎人」站
下車即是。

時 各專櫃與餐廳營業時間請詳見官網資訊。

價 依消費不一

網 https://hk.parisianmacao.com/
FB：https://www.facebook.com/
TheParisianMacao/

皇室的高貴氣質。內部四周也將許多
巴黎街景帶入其中，巴黎著名的車站、
街道、廣場、地標，連巴黎的門牌、燈
柱這些細節也都鉅細靡遺地呈現眼前，
還有不定時不定點出現、讓人充滿驚喜
的街頭藝人。許多穿著法式傳統服裝的
表演者會四處散步，熱情與大家合照。

度假設施方面，除了每間度假村
必備的健身中心和水療 SPA 外，澳門
巴黎人擁有獨特的水上主題公園「水
世界」。水世界內共有三大娛樂主題，
分別設計為燈塔、飛船、兒童區域，各
項水上遊樂設施，大人小孩皆能盡情玩
樂。且水世界是對外開放的遊樂園區，
只要購買門票即可入園玩樂！住宿澳
門巴黎人的房客，則可享 9 折優惠。

左／令人驚豔的入口大廳。
中／猶如置身法國宮殿。
右／隨時隨地都有街頭藝人表演著，充分展現巴黎的藝術特色。

左上／夜間的澳門巴黎人也相當動人，尤其燈光秀的時刻來臨，巴黎鐵塔可是光彩奪目。
左下／巴黎紅磨坊，當然也是不可或缺的巴黎元素。
右／藝術氣氛也是澳門巴黎人想要展現出的感覺。

　　澳門巴黎人雖然有前往澳門本島（澳門金沙酒店、港澳碼頭）的接駁車，但是這兩個地點離主要的本島觀光景點還有一段距離，依然得轉乘付費巴士。因此筆者還是建議若要從澳門巴黎人前往澳門本島，可以直接在澳門巴黎人正門口的「連貫公路 / 巴黎人」站牌搭乘付費巴士。

　　「連貫公路 / 巴黎人」站的 15 號路線可以前往氹仔官也街；21A、25、25AX、25B、26A 皆可抵達亞馬喇前地，以 25AX 中間只停靠 2 站最為快速；26A 搭到「新馬路 / 永亨」站下車，即是議事亭前地與福隆新街；26 號路線可抵達澳門旅遊塔；56 號巴士搭到「二龍喉公園」站下車，即是東望洋山。

　　以上巴士路線幾乎可以滿足大部分人的需求，且站牌位於正門口的明顯處，所以就算沒有免費的接駁巴士，還是相當方便的！

永利皇宮壯觀的表演湖。

永利皇宮

https://pse.is/BDBSZ

🏢 綜合度假村

📍 澳門路冰體育館大馬路

🚌 1. 澳門國際機場、港澳碼頭（外港碼頭）、冰仔客運碼頭、各度假村皆有免費接駁車。接駁車營運時間與班次，可參閱官網交通資訊之免費穿梭巴士時間表：https://www.wynnpalace.com/tc/about-us/shuttle-service，縮網址：https://pse.is/BTXW3。

2. 巴士 50、MT4、N5 號至「體育館馬路 / 永利皇宮」站下車即是。

3. 巴士 35、50B 號至「霍英東馬路 / 永利皇宮」站下車，徒步約 5 分鐘即是。

🕐 各專櫃與餐廳營業時間請詳見官網資訊。

💰 依消費不一

🌐 https://www.wynnpalace.com/tc
FB：https://www.facebook.com/wynnpalace/

於 2016 年開幕的永利皇宮，是以花卉為主題的大型華麗綜合度假村。因此在度假村內，全部皆以花卉為主軸設計，除了華麗驚人的花雕藝術外，在各個小細節，包括牆上、鏡框、天花板甚至是地毯，皆可看到花朵的蹤跡。

除了美麗花卉裝飾的度假村外，永利皇宮最大的特色就是有占地 8 英畝的巨型表演湖，湖內裝置多達 1,000 支發射器，最高可以噴射近 20 層樓的高度。夜間打上燈

光，配合優美音樂，形成一場令人震撼的水舞饗宴。

　　如果光是看看水舞，覺得沒什麼特別，永利皇宮還有讓遊客免費搭乘的高空纜車，從地面搭上纜車，高空環繞湖景，進入永利皇宮內部。夜間搭乘時，不但可以觀賞地面的華麗水舞，還可以一覽金光大道的華麗夜景！

　　永利皇宮的高空纜車，原本的搭乘方案是搭入永利皇宮免費，但搭乘離開需要每人 100 MOP，但現在不論是從地面進入永利皇宮，或者從永利皇宮從高往下地返回地面，全程免費。

以鮮豔紅色與花卉的設計為度假村主題。

上／搭乘纜車可俯瞰全景，再進入永利皇宮內部。
下／各大出入口皆有令人驚豔的大型花卉雕塑。

https://pse.is/BUATY

來到澳門的好處就是可以品嚐到正統的米其林餐廳。所謂米其林餐廳是指餐廳的綜合表現評比，不單是指餐點水準，還包括該餐廳的服務品質、用餐環境、菜色的選擇性與獨特性、CP 值、餐點水準是否穩定等等多項。因此即使是曾經主持過米其林餐廳的大廚到了別間餐廳，也沒辦法代表那間餐廳有等同米其林的水準。而品牌連鎖店，也僅僅只有被指定的該間分店為米其林餐廳，並非所有品牌的分店皆為米其林餐廳。

位於澳門銀河 2 樓的庭園意大利餐廳，於 2016 年《米其林指南》初入選一星餐廳，2017 年依然榮獲一星肯定，雖然在 2018 年沒有入選，但也希望往後日子可以重返榮耀。

初入餐廳之時，服務人員的態度就讓筆者備感尊榮，不愧是米其林餐廳的服務水準。親切的帶位人員會先詢問貴姓，接著整個用餐時間，當前來溝通或打擾時，都會用你的姓氏尊稱，讓人感覺到相當親切。而在觀看菜單或者等候餐點時，只要稍微「輕舉妄動」，隨伺在旁的服務人員就會上前關心協助。甚至當你的同桌友人暫時離開，獨自一人發呆放空時，一旁的服務人員還會

上／ 環境優雅的庭園意大利餐廳。
下／ 服務人員在餐桌旁現做提拉米蘇。

🏷 美食餐廳
📍 澳門銀河 2 樓 201 室
🚇 銀河酒店 2 樓，近天浪濤園的入口。
🕐 週一至週日 18:00 ～ 23:00
💰 600 MOP
🌐 https://www.galaxymacau.com/zh-hant/dining/restaurants/terrazza-italian-restaurant/

上前陪你聊天，避免你感到乏味無趣。

　　除了備感尊崇的服務外，餐點水準更是不容小覷。餐前麵包口感微溫，帶點鹹味，加上獨家醬料，第一道餐前麵包就大受好評！而既然是義大利餐廳，就一定要嚐嚐米其林餐廳的披薩水準如何。庭園意大利餐廳的披薩屬於薄皮披薩，口感香脆，超有嚼勁，蕃茄醬吃得出是用新鮮蕃茄磨成。這口感在義大利沒吃過，是筆者吃過最好吃的薄片披薩，每個環節都搭配得天衣無縫！

　　庭園意大利餐廳的招牌烤乳豬也是一絕，上菜時會是完整的豬腳，專人會接著進行解說，讓客人看看色澤熟度是否接受，獲得首肯之後，就在餐桌旁替你進行切盤動作。切盤過程，烤得酥脆的豬皮喀拉喀嚓的聲音不絕於耳。當切盤完成後，依然會擺得漂漂亮亮地端上餐桌。

　　口感部分，不愧是店家招牌烤乳豬，吃起來就是濃濃的豬肉味，很單純的自然香味，皮真的很脆，油脂豐富卻不會膩。腳蹄部分的軟骨超嫩，最好吃的地方就是腳蹄那塊。

　　另外，烤乳豬的配菜有馬鈴薯泥和蘑菇。這個馬鈴薯泥也是一絕，口感像慕斯般滑順，第一口就讓筆者驚艷不已！

　　甜點部分，首推現做的提拉米蘇。服務人員在推薦甜點時，一直強調他們的提拉米蘇是現做。筆者本來以為單純就是在廚房現做，沒想到是推了一個小餐車，在客人的面前直接製作！讓客人親眼看到這個甜點的製作過程，完全是用手工製作出來。

　　筆者除了上述的餐點，還點了義大利餃子和海鮮湯。這幾道菜看起來雖然分量不多，但非常紮實，兩個人完全吃不完。因為餐點吃不完，於是將剩餘餐點打包當作隔天候機時的早餐，沒想到披薩和烤乳豬美味依舊！果然真正美味的食物，就算冷掉或者隔餐，依然能保持高檔水準！

　　不過有一點要提醒，因為庭園意大利餐廳屬於正式餐廳，所以在服裝上也會有點小小要求。女士的服裝只要不要過於暴露即可，男士則是禁止穿著拖鞋或涼鞋、短褲及無袖服飾入場。請大家注意這點用餐禮儀囉！

貌不驚人的薄皮披薩，但口感絕對不同凡響。

外皮油亮酥脆的招牌烤乳豬。

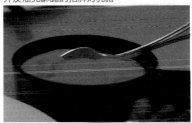

口感滑順如慕斯的馬鈴薯泥。

標榜現做的提拉米蘇，內藏餅乾，口感綿密，甜甜的，有點酒味。

鮮味十足、料多實在的托斯卡納海鮮湯。

位於百老匯美食街的「李家菜」。

店家招牌之一的清湯牛腩煲。

特選半筋半肉，肉質鮮嫩且富有咬勁，當作配菜的白蘿蔔可增加飽足感且解膩。

店家招牌撈麵，以蠔油、香菇、鮑魚、海參為佐菜搭配，吃得出來配料新鮮，可惜分量不多，比較適合當點心宵夜。

https://pse.is/BQ5G6

　　米其林除了星級評比外，針對亞洲市場，特別增加了推薦小食這個項目。其中李家菜位於「十月初五街」的本店，已經連續 2 年入選米其林的推薦名單。

　　這裡介紹的李家菜是位於澳門百老匯的分店。筆者將澳門百老匯視為澳門銀河的延伸區域，可經由天橋連接彼此。自從 2015 年澳門百老匯開幕後，李家菜就獲邀進駐，成為澳門百老匯的招牌店家之一。

　　李家菜著名招牌為鍋物和煲仔菜，尤其煲仔菜和煲湯更是李家菜的一絕。而招牌之一的清湯牛腩煲，有點類似台灣的臭臭鍋，湯頭濃郁、料多豐富、肉質鮮嫩，裡面還會有白蘿蔔等的墊底食材，沾點店家特製醬料超好吃！

　　不過這裡提醒一點，澳門店家不像台灣餐廳會提供衛生紙給消費者免費使用，所以如果跟服務人員提出衛生紙或面紙的需求時，服務人員會直接拿出一小包面紙給你，但最後結帳時，會發現收據上有寫著購買費用，這點請注意以免產生消費糾紛。

🍴 特色美食
📍 澳門百老匯美食街，E-G028 號室
🚶 至澳門銀河經由連接天橋可徒步抵達。
🕐 12:00 ～ 15:00、17:00 ～ 01:00，全年無休。
💰 100 MOP
🌐 https://www.broadwaymacau.com.mo/zh-hant/restaurant/lei-ka-choi/

🍴 美食推薦：皇冠小館

https://pse.is/BSFNS

皇冠小館也是屢次入選米其林推薦及各家電視媒體報導的名店，尤其台灣的美食節目也曾多次造訪。不過位於澳門本島的本店並不容易抵達，且四周並無觀光景點，除非特地前往，否則在行程上不易安排。

但現在不用到澳門本島，在百老匯美食街上，就可以輕鬆品嚐到皇冠小館的地道澳門美食，省去舟車勞頓以及擔心迷路的問題囉！

說到澳門道地美食，海蟹粥絕對是必嚐的一道經典。皇冠小館的海蟹粥，精心熬煮到不見米粒，尤其將蟹肉挖出與粥一同享用，更感鮮甜。

撈麵也是澳門美食的特色，筆者品嚐的鮮蝦雲吞撈麵，撈麵軟硬適中，醬料入味，鮮蝦雲吞內含飽滿肥大的蝦子。

除了海蟹粥和撈麵這兩道澳門經典，炒粉麵也是港澳民間小吃的基本款。雖說是基本款，但要做的好吃也是需要工夫！筆者品嚐的「干炒肉絲河」，是用河粉與豬肉絲，加上店家特殊醬料，大火快炒而成。

筆者在台灣嚐過多家炒河粉，最常見的問題就是將河粉炒得過於軟爛，但皇冠小館的干炒河粉，不但 Q 彈有咬勁，且帶上些微的焦味，色香味俱全，非常開胃。到澳門旅遊，非常建議也來嚐嚐這道不起眼、但非常地道的庶民美食！

上述介紹了海鮮和豬肉，接著來介紹一道牛肉湯撈麵——柱侯牛腩撈麵。「柱侯」指的是「柱侯醬」，是粵菜中不可或缺的一種調味料，取名來自於創始人廚師「梁柱侯」。港澳小食中，常見各式牛雜牛腩，就是以柱侯醬烹飪而成。在皇冠小館品嚐柱侯牛腩撈麵，即可一次品嚐到撈麵與地道牛腩兩種美食！牛腩醬汁燒煮入味且軟嫩帶 Q 而不爛，推薦一嚐！

㊙ 特色美食

🏠 澳門百老匯美食街，A-G017 號室

🚇 至澳門銀河經由連接天橋可徒步抵達。

🕐 11:00 ～ 00:00，全年無休。

💰 100 MOP

🌐 https://www.broadwaymacau.com.mo/zh-hant/restaurant/wong-kun-sio-kung/

位於百老匯美食街上的皇冠小館。

上／官網文宣上寫著海蟹粥一哥，可見店家對自家產品相當自豪。

中／柱侯牛腩撈麵，可同時享用撈麵和牛腩兩項澳門道地美食！

下／鮮蝦雲吞撈麵，鮮蝦飽滿，撈麵 Q 彈。

🍽 美食推薦：翠華餐廳

https://pse.is/BRX75

　　翠華餐廳是於香港旺角發跡的茶餐廳，已由小小冰室發展至港澳與中國大陸數十間分店。翠華餐廳的特色在於保持香港地道飲食口味上不斷推陳出新，東西薈萃出特色餐點。因此在翠華餐廳不但可以點到香港著名的經典小食，還有許多風格多樣化的美食可以選擇。

　　翠華餐廳在澳門銀河度假村內就有 2 間分店，一間是在澳門銀河內，為 24 小時營業，筆者前往的是百老匯美食街的分店，則有時間上的限制，不過長達 18 小時的營業時間，也足以提供大部分遊客的需求。

　　名列翠華十大名菜的「脆嘩奶油豬」，是將麵包烘熱之後，抹上奶油與煉乳，任其自然融入麵包之內，外酥內軟，香甜可口，不論是當早餐或者餐點麵包，都非常適合。

　　同為翠華十大名菜的「法蘭克福珍寶熱狗皇」，是以將近 30 公分的超長熱狗，以麵包包裹，加上生菜、蕃茄、各種醬料，拿來當早餐或者點心宵夜，一份剛剛好。

　　翠華十大名菜中的「鐵板京川蝦球炒雙面黃」（菜單上為「蝦蝦笑炒雙面黃」），是從宮保蝦球演變而來的一道特殊料理。料理端上桌時，只見鐵板上放著像科學麵一般的脫水麵條，然後服務人員會把醬汁與佐菜倒在麵條上，此時可聽到醬汁碰到滾燙鐵板的吱吱聲。吃的時候，麵條從上而下，皆有不同口感。上方與醬汁接觸的麵條，外軟內硬，搭上酸中帶甜又微辣的醬汁，口味特殊；下方的麵條，則是酥脆微焦，配上爽口彈牙的蝦球，又是另番滋味。

　　翠華餐廳除了港澳料理，十大名菜中甚至有「海南雞飯」這道餐點。相對於其他料理，這道菜相對清淡，尤其店家是將沾醬和主食各自分開，非常方便食用者自行調整口味。這道海南雞飯除了雞肉外，白飯也是特色之一。這碗白飯可是用了不少南洋食材烘煮而成，因此雖然看來是普通平凡的白飯，吃起來卻是層次豐富。

　　吃了各項料理，不可忘到茶餐廳必點的奶茶。翠華餐廳的香滑奶茶（原味奶茶）與鴛鴦相對（咖啡奶茶），奶味十足，用料紮實，喝上一口便知高低！

🟠 特色美食

🟠 澳門百老匯美食街，E-G009-15 號室

🟠 至澳門銀河經由連接天橋可徒步抵達。

🟠 週一至週五 07:00 ～ 00:00
　　週六至週日 07:00 ～ 01:00

🟠 100 MOP

🟠 http://www.tsuiwah.com/zh

上左／外皮酥脆、內餡香甜的脆嘩奶油豬。
上右／最特別的蝦蝦笑炒雙面黃，是宮保醬汁與鐵板乾麵的結合。
下／　茶餐廳也能吃到海南雞飯。

簡介

路環是澳門最南端的區域,也是遊客相對較少的地方。從澳門市區搭巴士抵達路環市區,需要 1 小時的車程。路環原為一個獨立島嶼,因澳門政府與海爭地,長期的填海工程下,現已和氹仔連成一體。原本分離的兩島之間、填海而成的區域,就是上一章介紹的路氹城。

遠在 100 多年前路環還是獨立小島時,曾經是海盜聚集出沒之處,治安惡劣,環境凶險。後來在多方努力下,終於成功驅逐海盜,因此在聖方濟各教堂前面矗立著「打海盜紀念碑」,以紀念戰役的成功。

現今的路環已經擁有了相當程度的交通建設,但因路環發展程度和居民較少,所以大部分的環境依然保持原始植被,不論是空氣還是各項自然元素,都比澳門其他區域來得清新許多。尤其清新自然的優美景象,與澳門其他區域形成強烈對比,因此路環被譽為澳門最後的後花園。

路環島的市區即是路環村,韓劇《宮──野蠻王妃》取景的「聖方濟各教堂」,以及發明出遠近馳名的澳門葡式蛋塔創始店「安德魯餅店」皆位於此。

路環這個位於澳門最南端的小漁村,不同於澳門島的繁榮喧囂,也不同於路氹城的紙醉金迷,幾十年來依然維持著原有的純樸閑靜。坐在「恩尼斯花園」,品嚐著美味的安德魯蛋塔,逛逛聖方濟各聖堂,也是澳門的另一種風貌。

「路環市區」站提供 25、50、N3號巴士路線：
- 50號巴士，從永利皇宮前往路環，會在此下車。
- 25號巴士，從二龍喉公園、塔石體育館、亞馬喇前地、新濠天地、金沙城中心前往路環，會在此下車。
- 50號巴士可前往新濠天地、亞馬喇前地。
- 25號巴士可前往新濠影匯、巴黎人、亞馬喇前地、盧廉若公園。
- N3是運行時間從0000～0600的夜間巴士，會從亞馬喇前地往返路環。

「路環居民大會堂」站提供15、21A、26A號巴士路線：
- 15號巴士，從金沙城中心、新濠天地、賽馬會對面「南新花園」站往路環，在此下車。
- 21A、26A號巴士，從新馬路、亞馬喇前地、金沙城中心、新濠天地往路環，在此下車。

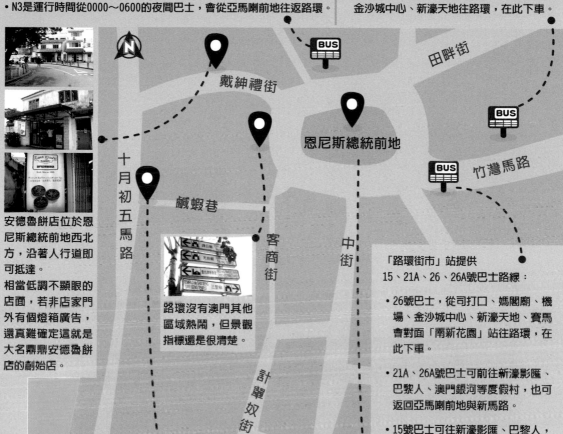

戴紳禮街

田畔街

恩尼斯總統前地

竹灣馬路

十月初五馬路

鹹蝦巷

客商街

中街

安德魯餅店位於恩尼斯總統前地西北方，沿著人行道即可抵達。
相當低調不顯眼的店面，若非店家門外有個燈箱廣告，還真難確定這就是大名鼎鼎安德魯餅店的創始店。

路環沒有澳門其他區域熱鬧，但景觀指標還是很清楚。

「路環街市」站提供 15、21A、26、26A號巴士路線：
- 26號巴士，從司打口、媽閣廟、機場、金沙城中心、新濠天地、賽馬會對面「南新花園」站往路環，在此下車。
- 21A、26A號巴士可前往新濠影匯、巴黎人、澳門銀河等度假村，也可返回亞馬喇前地與新馬路。
- 15號巴士可往新濠影匯、巴黎人，接著前往官也街與賽馬會。

計單奴街

中街

聖方濟各教堂

十月初五馬路

美女巷

恩尼斯總統前地是抵達路環後第一個顯眼景點。恩尼斯花園是前地上的小小花園，不少遊客會買了蛋塔後在此享用休憩。這也是《宮-野蠻王妃》的取景地點之一。

聖方濟各教堂旁的路環圖書館，也是《宮-野蠻王妃》的取景地之一。

路環充滿這種紅色地磚的小巷道，獨特的漁港風情，純樸街貌在台灣也已經少見。

打海盜紀念碑後方即是聖方濟各教堂。

恩尼斯總統前地

https://pse.is/BLDYE

🔵 特色景點
🔵 澳門路環市中心
🔵 1. 巴士 25、50、N3 號至「路環市區」
　　站下車即是。
　　2. 巴士 15、21A、26、26A 號至「路
　　　環街市」站下車即是。
🔵 24 小時公共開放空間
🔵 免費開放空間
🔵 無

恩尼斯總統前地（亦稱「恩尼斯花園」），是為了紀念葡萄牙總統「恩尼斯」（António dos Santos Ramalho Eanes）而設立的小型花園，是路環市區的著名地標。花園內最大的特色就是有座歐洲風格的愛神丘比特噴水雕塑。這裡亦是外地抵達路環的第一站，大部分遊客皆會選擇在此下車。

小小的恩斯尼總統前地，也是《宮——野蠻王妃》的取景地點之一，所以不少慕名而來的遊客，也都會買個蛋塔坐在這裡享用，猶如回到韓劇之中喔！

恩尼斯總統前地是抵達路環的第一個明顯地標，小小花園中有個愛神邱比特的噴水雕像。

從恩尼斯總統前地往海邊看，遠方鵝黃色的平房就是葡式蛋塔創始店——安德魯餅店。

聖方濟各教堂

位於路環市區的聖方濟各教堂，首建於 1903 年，後於 1928 年重建，並以東來傳教的聖方濟各教士命名，於是形成今日我們所見的路環聖方濟各教堂。

教堂是有著鵝黃色外牆與土耳其藍色門窗的巴洛克風格建築，而教堂前的廣場亦是熟悉的波浪形黑白相間葡式碎石地板。其小巧俏皮的特色，即使規模不大，還是吸引不少影視作品在此取景，例如韓劇《宮——野蠻王妃》與劉德華、舒琪主演的《遊龍戲鳳》等等。

教堂內有一幅華人抱著嬰兒的慈愛神像，據說是將原本西洋面相的聖母，轉化為東方人的樣貌，拉近與當地居民的距離。

教堂前方矗立著一座「打海盜紀念碑」，從紀念碑往前遠眺的海峽對岸即是廣東珠海市。這座紀念碑的落成，代表著成功驅逐海盜後，這片海峽終於恢復寧靜。

沿著海岸散步路環，也是一種不錯的悠閒體驗。

https://pse.is/BHDPH

- 特 特色景點
- 地 澳門路環計單奴街 / 馬忌士前地
- 交 離恩尼斯總統前地徒步約 5 分鐘。
- 時 不定時開放
- 費 免費開放空間
- 禁 無

左／　路環的知名景點——聖方濟各教堂。
右上／　紀錄過去歷史的打海盜紀念碑。
右下／　聖方濟各教堂旁的路環圖書館，也是《宮——野蠻王妃》的取景地之一。

https://pse.is/BSUB3

　　來到路環必定前往朝聖的地點，就是葡式蛋塔創始店——澳門米其林美食推薦街頭小吃「安德魯餅店」！

　　安德魯餅店就位於恩尼斯總統前地的外側，鄰近「路環市區」巴士站牌。若是在「路環街市」站下車，則是穿越恩尼斯總統前地的對角線即是。

　　安德魯餅店有著小小舊舊的店面，如果不是特地注意，很難被這間路邊小店吸引，更不會察覺到這是聞名於世的葡式蛋塔創始店。

　　1989 年開始營業的安德魯餅店，為澳門蛋塔的始祖。發明人安德魯先生，改良了傳統使用豬油製作蛋塔的方法，增加了蛋黃和鮮奶油的比例，並減少糖的用量，使蛋塔的口感更鬆脆滑嫩。安德魯蛋塔的酥脆外皮結合了奶油狀金黃餡料的完美搭配，加上光滑柔嫩的表皮上以斑斑焦糖點綴，更令人垂涎三尺。

　　筆者對於瑪嘉烈和安德魯的評比，個人推崇安德魯，不僅蛋塔比瑪嘉烈的脆、香，服務態度也比較好！而且現在不需要千里迢迢到路環才能吃到這個美味蛋塔，在威尼斯人度假村內以及氹仔官也街，都有了安德魯的分店囉！

上／若不是門口旁的蛋塔海報，是非常容易忽略的小小店家。
下／不愧是米其林的推薦蛋塔，滑、嫩、香卻不膩！

🍴 特色美食
🏠 澳門路環市區戴紳禮街 1 號地下
🚏 恩尼斯總統前地旁，徒步 1 分鐘內抵達。
🕐 07:00 ～ 22:00，全年無休。
💰 10 MOP
🌐 https://www.lordstow.com/?lang=zh-hant

MEMO

國家圖書館出版品預行編目資料

跟著 Google Maps 遊澳門 / 胡哲榮（PorkTrip）著
-- 初版 -- 臺北市：瑞蘭國際, 2018.11
256 面；17×23 公分 --（PLAY 達人系列；13）
ISBN：978-957-8431-77-5（平裝）

1. 旅遊 2. 澳門特別行政區

673.969   107018905

PLAY 達人系列 13

跟著 Google Maps 遊澳門
有了街景式地圖，路癡也能輕鬆遊！

作者、地圖繪製｜胡哲榮（PorkTrip）
責任編輯｜葉仲芸、王愿琦
校對｜胡哲榮、葉仲芸、王愿琦

視覺設計｜劉麗雪

董事長｜張暖彗‧社長兼總編輯｜王愿琦
編輯部／副總編輯｜葉仲芸‧副主編｜潘治婷‧文字編輯｜林珊玉、鄧元婷
　　　特約文字編輯｜楊嘉怡
設計部／主任｜余佳憓　‧美術編輯｜陳如琪
業務部／副理｜楊米琪‧組長｜林湲洵‧專員｜張毓庭

法律顧問｜海灣國際法律事務所　呂錦峯律師

出版社｜瑞蘭國際有限公司‧地址｜台北市大安區安和路一段 104 號 7 樓之 1
電話｜(02)2700-4625‧傳真｜(02)2700-4622‧訂購專線｜(02)2700-4625
劃撥帳號｜19914152 瑞蘭國際有限公司‧瑞蘭國際網路書城｜www.genki-japan.com.tw

總經銷｜聯合發行股份有限公司‧電話｜(02)2917-8022、2917-8042
傳真｜(02)2915-6275、2915-7212‧印刷｜科億印刷股份有限公司
出版日期｜2018 年 11 月初版 1 刷‧定價｜360 元‧ISBN｜978-957-8431-77-5

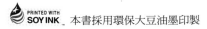
本書採用環保大豆油墨印製

瑞蘭國際